Falsificação de Documentos em Processos Eletrônicos

Lorenzo Parodi

Falsificação de Documentos em Processos Eletrônicos

Como detectar e comprovar através de documentoscopia em documentos digitais e outras técnicas

BRASPORT

Editor: Sergio Martins de Oliveira
Diretora: Rosa Maria Oliveira de Queiroz
Gerente de Produção Editorial: Marina dos Anjos Martins de Oliveira
Editoração Eletrônica: SBNigri Artes e Textos Ltda.
Capa: Trama Criações

P257f Parodi, Lorenzo

Falsificação de documentos em processos eletrônicos / Lorenzo Parodi - Rio de Janeiro: Brasport, 2018.

ISBN: 978-85-7452-888-5

1. Criminologia - fraude 2. Falsificação de documentos I. Título

CDD: 364.163

Ficha catalográfica elaborada por bibliotecário – CRB 76355

BRASPORT Livros e Multimídia Ltda.
Rua Teodoro da Silva, 536 A – Vila Isabel
20560-005 Rio de Janeiro-RJ
Tels. Fax: (21) 2568.1415/3497.2162
e-mails: **marketing@brasport.com.br**
vendas@brasport.com.br
editorial@brasport.com.br

site: **www.brasport.com.br**

Filial
Av. Paulista, 807 – conj. 915
01311-100 – São Paulo-SP

Agradecimentos

Desejo agradecer a alguns amigos que me ajudaram, cada um com seus conhecimentos, atenção e carinho, a corrigir e melhorar este livro.

O professor Bruno Cialone, presidente da ABTG (Associação Brasileira de Tecnologia Gráfica) e docente de técnicas gráficas do Senai, pela profunda revisão do capítulo sobre técnicas gráficas e pelas muitas sugestões e informações sobre esse assunto.

Meu pai, professor Mario Parodi, pelas importantes dicas em matéria estatística e ajustes no capítulo sobre grafometria.

O Dr. Jair Jaloreto Junior, advogado criminalista e grande conhecedor dos assuntos jurídicos relacionados a fraudes e falsificações, que revisou as questões de direito abordadas neste livro.

O Dr. Renan Cavalheiro, brilhante perito em computação forense, que, revisando o manuscrito com sua capacidade crítica, sugeriu melhoramentos de grande relevo.

A querida amiga e administradora Antonieth Luquênia Da Silva Muginga, que fez uma das primeiras revisões do manuscrito, corrigindo diversos erros e dando preciosas sugestões para melhorar a organização e clareza de alguns pontos.

Um agradecimento especial ao professor Dr. Adib Abdouni, advogado constitucionalista e criminalista, membro atuante de comissões e órgãos da OAB-SP, pela disponibilidade e gentileza em aceitar a tarefa de ser o **prefaciador** deste livro.

Outro agradecimento especial para o professor Dr. Emerson Wendt, Delegado de Polícia e Chefe da Polícia Civil do Rio Grande do Sul, profundo conhecedor do mundo digital e dos crimes que nele acontecem, autor de diversos livros sobre o assunto, por ter aceito escrever a **apresentação** deste livro.

Agradeço, ainda, o Conselho Diretor da ANCAF (Associação Nacional de Combate a Fraudes) por ter concedido o apoio formal da Associação a esta obra.

Por fim, dedico este livro aos meus genitores e à falecida amiga Michelle Raimundo, que, primeira, me incentivou, anos atrás, a escrever livros com intuito divulgador.

Prefácio

O magnata da imprensa francesa Daniel Filipacchi, acionista maior do grupo Hachette, ficou encantado com o belíssimo quadro que o simpático casal Wolfgang e Helene Beltracchi, acompanhado por um conde introvertido, lhe apresentou. E mais ainda com a sua história.

"Floresta 2", de Max Ernst, fazia parte da coleção Knops, disseram eles, administrada pela família de sangue azul de Helene. De fato, se comportava como nobre, pensou Filipacchi. Originalmente pertencera ao galerista judeu-alemão Alfred Flechtheim, cujo acervo, confiscado pelos nazistas em 1933, era tido como desaparecido.

O colecionador desembolsou alegremente 7 milhões de dólares certo de que fizera um grande negócio.

Dois anos depois, em 2006, um quadro do mesmo casal – da coleção Jagers – chamado "Quadro vermelho com cavalos", de Campendonk, adquirido por um consórcio da ilha de Malta, não passou no teste a que foi submetido num laboratório.

Traços brancos de titânio na composição da tinta indicaram que ela fora fabricada recentemente e não em 1910, data da obra em questão.

O magnata e muitos outros colecionadores descobriram que haviam comprado gato por lebre.

O autor dessas e de outras 14 belíssimas e caríssimas obras não era Campendonk nem Max Ernst e sim o próprio Wolfgang, que não era Beltracchi e sim Fischer – e que não só pintava como assinava igualzinho a eles e a outros importantes pintores.

Usava o sobrenome da mulher, Helene Beltracchi, que nunca teve sangue azul nem quadros caros.

As coleções Knops e Jagers jamais existiram, nem os certificados que comprovavam sua autenticidade.

O galerista judeu-alemão também saíra da cabeça do casal.

O amigo conde era apenas um DJ plebeu.

Quando as histórias de falsificações envolvem nomes famosos, situações glamourosas e milhões de dólares, elas viram notícias nos principais jornais e até em livros, como no caso do falsário descrito anteriormente, mas uma quantidade imensa de falsificações pequenas, invisíveis, ocultas pelas sombras, muitas descobertas a tempo e outras não, ocorre em milhares de processos judiciais que circulam nos tribunais de todo o país, maculando o seu trâmite de forma quase sempre definitiva.

Esses falsificadores, embora não concebam obras de arte, também são artistas na acepção da palavra, pois os trabalhos de montagem e cópia que realizam são de qualidade indiscutível. Precisam chegar muito próximo à perfeição a fim de não serem desmascarados.

Eis por que é imprescindível a leitura desta oportuna, profunda e detalhada obra do renomado perito Lorenzo Parodi, não só para os profissionais envolvidos no mundo jurídico, mas para todos os cidadãos responsáveis, que, desse modo, ficarão informados acerca de situações em que podem ser ludibriados por aqueles nacionalmente conhecidos como os que "querem levar vantagem em tudo".

Afirma com muita propriedade o autor que, ao mesmo tempo em que a revolução tecnológica colocou nas mãos das pessoas de bem instrumentos de comunicação fundamentais e valiosos, não há como desconhecer que as mesmas ferramentas foram recebidas com alegria ainda maior pelos que precisam ludibriar de alguma forma seus semelhantes, falsificando cédulas, carimbos, selos, assinaturas, e-mails, fotos, dados, contas bancárias e todo tipo de documentos, como passaportes, carteiras de motorista, cédula de identidade etc., graças ao acesso fácil proporcionado pelas modernas impressoras e toda a parafernália digital em constante evolução.

O livro é o portador do importante aviso de que hoje, mais do que nunca, é preciso conferir minuciosamente todo e qualquer documento, original ou cópia, impresso ou digital, principalmente em se tratando de processos judiciais.

Passar toda a documentação por um providencial "raio X" é o melhor caminho para evitar vícios de origem, não só na documentação do cliente, como também na da outra parte.

Em seu exaustivo e minucioso trabalho o autor não se limita às explicações técnicas que esclarecem tanto como se falsifica quanto como se descobre a falsificação, nem à descrição dos aparelhos utilizados para detectar inconsistências.

Ele traça também o perfil psicológico do falsificador. Ao ser acusado de falsificar, sua reação é agressiva. Chega mesmo a ameaçar de processo por calúnia o autor da acusação. Confrontado com a prova irrefutável, ele nem assim se dá por vencido. Alega ter sido enganado por outrem.

O trabalho de um perito é essencial para preservar o princípio do contraditório e da ampla defesa que é assegurado pelo artigo 5º LV da Constituição Federal do Brasil, a exemplo de um acusado em processo penal, onde poderá ser ouvido *audiatur et altera pars*, que significa "ouça-se também a outra parte", ou seja, havendo o impedimento de uma condenação com base apenas nas provas produzidas pela acusação. A perícia é utilizada como meio de prova importantíssima para a ampla defesa, que revela no processo penal o que se mais espera pelos operadores do direito, a busca da verdade real.

O princípio da ampla defesa e do contraditório possui base no dever delegado ao estado de facultar ao acusado a possibilidade de efetuar a mais completa defesa quanto à imputação que lhe foi realizada, bem como condições mínimas para a convivência em uma sociedade democrática, que são pautadas através dos direitos e garantias fundamentais do indivíduo.

São raros os que, como Wolfgang Beltracchi, acabam confessando a autoria para abater a pena que, no seu caso, resultou em sete anos de prisão. A exemplo da famosa "Operação Lava Jato", onde foi realizado o instituto da delação premiada, envolvem-se terceiros para buscar provas para elucidar o processo e acaba-se por revelar outros crimes que não guardam qualquer relação com o processo principal.

X FALSIFICAÇÃO DE DOCUMENTOS EM PROCESSOS ELETRÔNICOS

A presente obra será muito importante orientador para diversos segmentos, em especial para a sociedade brasileira.

Adib Abdouni
Professor, escritor, advogado constitucionalista e criminalista

Apresentação

Tive a honra de ser convidado pelo Prof. Lorenzo Parodi para apresentar o seu novo livro "Falsificação de Documentos em Processos Eletrônicos: como detectar e comprovar através de documentoscopia em documentos digitais e outras técnicas".

Trata-se de uma obra contemporânea e bastante prática, algo a utilizar no dia a dia dos processos eletrônicos e no cuidado essencial da legitimidade e originalidade dos documentos. Lorenzo começa, por assim dizer, pelo começo: das premissas e dos elementos bases para arguição da falsidade e abertura de um incidente; diz como deve ser feita a preparação para os trabalhos forenses e qual o alcance das perícias digitais; quais os tipos de impressão e a utilidade e como devem ser usadas algumas ferramentas; enumera quais são os elementos de segurança em cédulas e documentos públicos; e como identificar o código de rastreamento de impressoras.

No segundo capítulo, traz a noção ao leitor sobre como identificar e como tratar digitalmente as falsificações por alteração de imagem ou montagem digital de documentos. Enumera modalidades e procedimentos de falsificação, indicando ao profissional envolvido, seja advogado, promotor ou juiz, um mínimo de conhecimento sobre como identificar as possibilidades envolvidas na falsificação por alteração ou montagem digital de documentos, pois trata dos métodos e procedimentos para detecção das montagens. Inclui, como não poderia deixar de ser, aspectos importantes da verificação da veracidade e/ou originalidade de e-mails e mensagens eletrônicas, assim como também elementos identificadores de fraudes relativas a imagens e fotografias, como montagens e falsificações criativas. Aliás, todo enredo de uma falsificação exige do criminoso um ato de imaginação e criação. Cabe ao investigador, perito, profissional do direito, dentre outros, identificar como foi criada/alterada/montada uma imagem, um documento, um arquivo digital.

No capítulo seguinte, Lorenzo Parodi retoma um assunto "antigo" da área pericial, qual seja a falsificação de assinaturas, porém estendendo sua análise ao contexto digital, pois que trata da falsificação de assinaturas e escritas à mão "por meios digitais". Novamente, o autor relata quais as formas de falsificações de assinaturas e escritos à mão, orientando como detectá-las. Analisa o autor como elementos técnicos da grafometria e da grafoscopia podem ser aplicados e auxiliam na identificação da falsidade documental.

Em seguida, no quarto capítulo, não esquece o autor de trabalhar o que é fundamental numa análise documental: a análise linguística. Demonstra, assim, quais são os seus procedimentos, ferramentas e softwares capazes de auxiliar na análise linguística, auxiliando sobremaneira na verificação da autoria da redação e do estilo, especialmente quando se trata de formas, estilos e escritas bastante peculiares, de cada pessoa ou empresa.

No capítulo seguinte, discorre o autor sobre falsificação de selos e carimbos notariais. Tal assunto é de extrema importância, porquanto o principal meio de demonstração da evidência digital, constante na rede mundial de computadores, é a Ata Notarial, cujos elementos são específicos e a sua originalidade é fundamental para apoiar uma ação e/ou defesa em processo judicial, seja ele cível, criminal, trabalhista ou eleitoral.

Nos tópicos seguintes do seu livro, Lorenzo trata da falsificação de cheques e cédulas (aquele um delito comum nos últimos 25 anos e este um delito costumeiro desde a existência de cédulas). Não obstante, não deixa o autor de analisar o perfil dos falsários, como são, como identificar e, principalmente, como lidar com eles, sabendo que o seu principal objetivo é o financeiro.

Conclui o autor com um resumo dos procedimentos a serem adotados e quais os possíveis delitos existentes e em que poderá haver o enquadramento criminal do autor ou autores envolvidos, lembrando sempre que no caso de detecção da falsidade durante um processo judicial deverá haver a instauração de outro processo, neste caso, criminal, o que poderá exigir uma investigação prévia pela Polícia Judiciária, Civil ou Federal.

Emerson Wendt,
Delegado de Polícia, Chefe da Polícia Civil do
Rio Grande do Sul e Mestre em Direito.
Coautor dos livros "Crimes Cibernéticos", "Inte ligência Digital",
"Investigação Criminal" e "Investigação Digital em Fontes Abertas",
publicados pela Brasport.

Sobre o Autor

Lorenzo Parodi é italiano, residente no Brasil há aproximadamente 20 anos. Possui ampla experiência no mercado internacional de seguros e finanças, tendo trabalhado em grandes grupos e em diversos países da Europa e da América Latina. Fala cinco línguas.

É especialista e pesquisador em questões relacionadas ao combate e prevenção a fraudes e falsificações, com uma ampla produção acadêmica. É autor do livro "Manual das Fraudes" (Brasport) e de muitas matérias publicadas, entre outros, pelo reconhecido site Monitor das Fraudes (<www.fraudes.org>).

Atua como consultor para empresas e pessoas físicas em questões relacionadas à prevenção e ao combate a fraudes e falsificações.

É perito judicial atuante, com registro em tribunais estaduais e federais, em questões relacionadas à grafoscopia, à falsificação de documentos de todos os tipos e a fraudes em geral (eletrônicas, comerciais, corporativas, bancárias etc.). Atua também como assistente técnico em processos e casos selecionados.

Maiores informações no site do IBRACAF – Instituto Brasileiro de Combate a Fraudes: <http://www.ibracaf.com.br>

Contatos com o autor pelo e-mail: <contato@ibracaf.com.br>.

Sumário

1
Premissas e Elementos de Base

Com o advento dos modernos computadores, dos avançados softwares de gráfica, dos escâneres ("scanners", em língua inglesa) e das impressoras de qualidade (jato de tinta e laser), e, mais em geral, das elevadas capacidades gráficas que esses conjuntos proporcionam, começaram a aparecer também as falsificações de documentos realizadas através do aproveitamento dos meios digitais, que, hoje, são poderosos, amplamente disponíveis e de uso econômico.

Tais documentos falsificados são utilizados para as mais variadas finalidades, desde criação de empresas, abertura de contas bancárias e realização de operações comerciais ou financeiras (fraudulentas ou não), até a produção de provas falsas em processos judiciais. A gama de usos de documentos falsificados digitalmente é extremamente ampla e abrange múltiplos e fundamentais aspectos de segurança.

Qualquer documento pode ser utilizado como prova (art. 369 NCPC e artigos 231 e 232 CPP); porém, a admissibilidade e a validade de um documento em formato eletrônico, como meio de prova em um processo judicial, dependem da garantia e inequivocidade de sua autoria e origem e da certeza de sua integridade (ou seja, a garantia de que não foi alterado desde sua origem até chegar no processo). É importante observar que nem todo tipo de documento em formato digital pode oferecer tais certezas e garantias.

2 FALSIFICAÇÃO DE DOCUMENTOS EM PROCESSOS ELETRÔNICOS

É evidente que a criação e difusão, nos tribunais brasileiros, a partir da entrada em vigor da Lei nº 11.419/2006, dos chamados "processos digitais", ou "eletrônicos", nos quais toda a documentação encartada, inclusive aquela probatória, é oferecida no formato digital (ou seja, em prevalência, cópias escaneadas de documentos, convertidas para o formato PDF), estimulou ainda mais a ocorrência de falsificações por meios digitais.

Este livro aborda questões de documentoscopia e grafoscopia relacionadas, especificamente, a documentos de todos os tipos, falsificados, ao menos em parte, por meios digitais e/ou apresentados em formato digital (arquivos digitais), mesmo que sucessivamente produzidos também em formato cartáceo. A obra não pretende, porém, ser um tratado exaustivo de documentoscopia nem de grafoscopia, sendo seu alcance limitado aos tipos de documentos e falsificações já mencionados. Também são tratadas outras técnicas e metodologias que podem ser utilizadas para detectar falsificações em determinados tipos de documentos digitais.

É necessário definir o que é um documento digital. Existem essencialmente duas tipologias de documentos digitais. Na primeira trata-se de documentos que foram originados por um computador ou outro sistema eletrônico, sem nunca terem sido impressos ou transferidos em papel (é o caso de uma fotografia digital, de um documento escrito em Word e transformado em um arquivo PDF, de um logotipo criado num software de gráfica e salvo em um arquivo JPG etc.). Na segunda trata-se de documentos que foram convertidos de um formato físico (ou seja normalmente, um documento em suporte cartáceo) para um formato digital através de um processo de escaneamento ou fotografia digital ou outro. Podem ainda existir documentos com origem mista, sendo que parte do documento tem origem puramente digital enquanto outra foi escaneada a partir de um suporte físico.

Um documento digital é composto por *bits* (8 *bits* compõem um *byte*), cada um representando pontos ou pequenos "pedaços" da informação contida no documento. Quanto maior o número de *bits*, maior o número de pontos (ou *pixels*) representativos de informações, e consequentemente maior a qualidade ou resolução do documento e sua proximidade/semelhança com o eventual original analógico (no caso de o documento digital ter origem em um documento físico digitalizado).

Na realidade dos tribunais se encontram documentos com qualidade muito variável, dependendo da origem e disponibilidade, além de, em alguns casos, limitações técnicas dos sistemas dos tribunais. Um documento original, escaneado profissionalmente pelo advogado e encaminhado para protocolo no processo eletrônico, terá provavelmente uma qualidade muito boa. Outros casos, como o de cheques arquivados pelos bancos (através do processo de "microfilmagem digital"), podem ter qualidade extremamente baixa, podendo chegar a dificultar sobremaneira qualquer análise. Oportuno se atentar ainda ao caso (nada incomum) de documentos que têm baixa qualidade "intencional", para disfarçar eventuais adulterações ou falsificações.

Podemos ainda dividir os documentos em duas outras grandes categorias: aqueles onde há algum grafismo manual (assinaturas, texto escrito à mão, formulários com preenchimentos manuais etc.) e aqueles que não possuem essa característica (e-mails, notas fiscais automatizadas, extratos bancários etc.) e que, portanto, não estão sujeitos à aplicação de técnicas grafoscópicas.

Um breve resumo dos casos mais comuns de uso de documentos falsificados digitalmente (todos com possíveis consequências, diretas ou indiretas, em processos judiciais) pode ser o seguinte:

1. Prover provas falsas em processos judiciais das mais variadas naturezas (trabalhistas, cíveis, criminais, administrativos, tributários, societários, sucessórios, familiares etc.), tanto no que diz respeito ao assunto supostamente comprovado pelo teor do documento falsificado quanto no que diz respeito a sua origem, autoria e data (que também pode ser falsificada, ver item 5.6).
2. Integrar contratos comerciais ou transações de diversas naturezas (inclusive financiamentos, compras/vendas, assinatura de serviços, locações etc.).
3. Ser meio de identificação ("originais" ou cópias de documentos de identidade ou de certidões de nascimento ou casamento) para os mais diversos fins.
4. Formar a base para conseguir outros documentos autênticos ou autorizações ou ainda serviços públicos de diversas naturezas.

5. Homologar testamentos ou outros procedimentos inerentes a heranças e sucessões. Pense, por exemplo, nas consequências da comprovação (através da falsificação de uma autenticação com indicação da data) da assinatura de algum contrato ou doação, ou, ainda, testamento, por parte de uma determinada pessoa em data anterior à de seu falecimento.
6. Serem utilizados para conseguir benefícios, direitos, acesso a recursos, bens ou serviços, ou, ainda, para participar de licitações e concorrências.

Tais documentos podem ter naturezas muito diferentes, dependendo do uso pretendido. Alguns exemplos, entre muitos outros possíveis, de documentos potencialmente falsificados por meios digitais e encontrados nos casos e situações anteriormente descritos são:

1. Contratos e acordos em original ou cópia, autenticada ou não.
2. Testamentos e doações em original ou cópia, autenticada ou não.
3. Recibos, promissórias ou declarações em original ou cópia, autenticada ou não.
4. Documentos de identidade e afins em "original" ou cópia, autenticada ou não.
5. E-mails e mensagens/comunicações em geral.
6. Comprovantes de vários tipos (endereço, renda, extratos etc.) e ingressos, em original ou cópias, autenticadas ou não.
7. Atos públicos (certidões, procurações, decisões, alvarás etc.) em original ou cópia, autenticada ou não.
8. Cédulas de dinheiro e folhas de cheques.
9. Cartas em original ou cópia, autenticada ou não.
10. Receitas e certificados médicos em original ou cópia, autenticada ou não.

Como já dito, o advento dos processos judiciais digitais e de outros procedimentos por meios digitais, tanto no setor público quanto no privado (bancos, seguradoras, financeiras, imobiliárias etc.), fomentou grandemente o aparecimento, cada dia mais frequente, de falsificações digitais mais ou menos sofisticadas. Um documento dessa natureza, usado como prova em um processo, pode facilmente dar origem a graves injustiças e a decisões equivocadas, por serem baseadas em um documento falso.

Por todas essas razões, é de primordial importância adquirir a capacidade de identificar indícios de possível falsificação, de forma a poder submeter os documentos suspeitos à apropriada perícia técnica, antes que estes possam causar danos irreversíveis. Isso, inclusive, à luz das modalidades e dos prazos previstos nos diplomas legais para a arguição de falsidade (tanto em processos cíveis quando em processos penais) e a consequente abertura de um incidente de falsidade (ver item 1.1, sobre este assunto).

Merece destaque a importância que tal identificação precoce de indícios de falsificação tem por parte dos julgadores. Uma "tutela antecipada", em um processo eletrônico, fundamentada em documentos falsificados digitalmente, pode gerar prejuízos graves e dificilmente recuperáveis.

Trabalhar com documentos em cópia ou em formato digital não permite realizar uma perícia conclusiva quanto à autenticidade. Na melhor hipótese, será possível constatar a ausência de indícios de falsidade. Por outro lado, quando existirem elementos suficientes e incontestáveis, será possível a comprovação conclusiva de uma eventual falsidade. Por essa razão pode ser errado afirmar, sempre, a impossibilidade de realizar uma perícia quando não presentes os documentos originais. Isso porque é perfeitamente possível que as cópias presentes (digitais ou não) sejam suficientes para comprovar a falsidade de, ao menos, um elemento (o que viciaria de falsidade o documento como um todo) e, assim, seja possível entregar um laudo pericial consistente e útil.

Importante lembrar que meios digitais podem ser usados também para falsificar documentos físicos (em papel), contando com a qualidade que pode ser alcançada pelas modernas impressoras, as quais, muitas vezes, tornam difícil a distinção, a olho nu, entre uma cópia e um original, e também a possibilidade (ver capítulo específico neste livro) de falsificar autenticações de cópias e reconhecimentos de assinaturas.

Necessário ainda deixar claro, mais uma vez, que este livro não pretende tratar de forma completa as técnicas tradicionais da grafoscopia e documentoscopia, que dificilmente poderiam ser aplicadas de forma plena em documentos originados digitalmente. Contudo, é oportuno sublinhar a extrema utilidade do conhecimento das bases da grafoscopia e documentoscopia para a condução exaustiva e eficaz das análises descritas neste livro. Por essa razão foi também introduzido um capítulo descrevendo sumariamente os conceitos de base das análises grafoscópicas. De forma geral, serão abordadas somente as técnicas que tenham relevância e utilidade dentro do escopo deste livro.

Na bibliografia presente nas últimas páginas, são indicadas ainda algumas relevantes obras sobre grafoscopia e documentoscopia, que, em parte, utilizei como referência e certamente são recomendadas a quem desejar se aprofundar nesse segmento. Fundamental observar que os assuntos tratados neste livro são objeto de contínuo desenvolvimento de novas técnicas e, por isso, requerem constante atualização e pesquisa.

1.1. Arguição de falsidade e abertura de incidente

Em se tratando de processos judiciais, tanto na esfera cível quanto na criminal, a existência de um documento falso, como prova (inclusive no formato eletrônico previsto pela Lei nº 11.419/2006), quando não detectado, pode mudar completamente a sorte do julgamento.

É fundamental observar que documentos em formato digital, em um processo eletrônico, são considerados originais para todos os efeitos legais, salvo comprovadamente falsos, mediante procedimento próprio de arguição de falsidade, de acordo com o Art. 11 da mencionada Lei nº 11.419/2006 e com os códigos processuais.

Por essa razão, é de grande importância detectar indícios de falsidade e argui-la dentro dos prazos previstos em lei, de forma que possa ser aberto o competente incidente de falsidade e seja eliminado o risco de que o documento falsificado digitalmente passe a ser legalmente considerado como "autêntico".

Não é incomum encontrar casos em que documentos falsos, juntados em processos eletrônicos, tenham passado despercebidos inclusive para a parte interessada (contra o qual o documento foi produzido). Isso é ainda mais frequente em processos onde a parte ré é uma empresa de grande porte (sobretudo bancos ou seguradoras), que enfrenta inúmeros processos administrados por escritórios de advocacia que, por consequência do excessivo volume de trabalho e do pouco tempo à disposição, nem sempre têm condição de analisar detidamente todos os documentos juntados e questionar seus clientes para que se manifestem em relação à sua autenticidade.

A seguir, serão abordadas as normas mais relevantes em relação à arguição de falsidade.

1.1.1. Processo eletrônico – Lei nº 11.419/2006

Trata-se da lei que instituiu o processo "eletrônico" ou "digital" no Brasil. É de grande relevância, pois trata, entre vários outros aspectos, da validade legal dos documentos produzidos eletronicamente e das modalidades de processamento de eventual arguição de falsidade, além de definir quem é responsável pela guarda dos originais dos documentos digitalizados.

Nesse sentido, o mais importante é o Artigo 11, que tem o seguinte teor:

> *Art. 11. Os documentos produzidos eletronicamente e juntados aos processos eletrônicos com garantia da origem e de seu signatário, na forma estabelecida nesta Lei, serão considerados originais para todos os efeitos legais.*
>
> *§ 1º Os extratos digitais e os documentos digitalizados e juntados aos autos pelos órgãos da Justiça e seus auxiliares, pelo Ministério Público e seus auxiliares, pelas procuradorias, pelas autoridades policiais, pelas repartições públicas em geral e por advogados públicos e privados têm a mesma força probante dos originais, ressalvada a alegação motivada e fundamentada de adulteração antes ou durante o processo de digitalização.*
>
> *§ 2º A arguição de falsidade do documento original será processada eletronicamente na forma da lei processual em vigor.*
>
> *§ 3º Os originais dos documentos digitalizados, mencionados no § 2º deste artigo, deverão ser preservados pelo seu detentor até o trânsito em julgado da sentença ou, quando admitida, até o final do prazo para interposição de ação rescisória.*
>
> *§ 4º (VETADO)*
>
> *§ 5º Os documentos cuja digitalização seja tecnicamente inviável devido ao grande volume ou por motivo de ilegibilidade deverão ser apresentados ao cartório ou secretaria no prazo de 10 (dez) dias contados do envio de petição eletrônica comunicando o fato, os quais serão devolvidos à parte após o trânsito em julgado.*
>
> *§ 6º Os documentos digitalizados juntados em processo eletrônico somente estarão disponíveis para acesso por meio da rede externa para suas respectivas partes processuais e para o Ministério Público, respeitado o disposto em lei para as situações de sigilo e de segredo de justiça.*

Algumas observações importantes podem ser feitas sobre este Artigo:

1. No *caput*, define-se que os documentos eletrônicos juntados ao processo nas formas de lei, serão considerados originais para todos os efeitos legais – isso, obviamente, não significa que sejam autênticos. Cada documento poderá ser objeto de arguição de falsidade, a qual, porém, tem prazo para ser oferecida. Vencido tal prazo, sem arguição, o documento digital será, para todos os efeitos legais, considerado autêntico e original.
2. No parágrafo primeiro, especifica-se que documentos digitais produzidos por autoridades ou repartições públicas são considerados autênticos salvo arguição de falsidade, que deverá ser "motivada e fundamentada", ou seja, não será suficiente simplesmente alegar a falsidade para que seja aberto um incidente, mas será necessário, na própria arguição, fornecer elementos fáticos e/ou técnicos que fundamentem as alegações e convençam o Juízo a respeito da consistência da argumentação e da consequente oportunidade ou necessidade de abrir tal incidente.
3. O parágrafo segundo determina ainda que a arguição de falsidade em processo eletrônico também será processada eletronicamente.
4. O parágrafo terceiro determina que os originais dos documentos digitalizados devem ser preservados pelo seu detentor (normalmente o advogado), que assim passa a ser responsável por eles.

1.1.2. Processo cível (e trabalhista)

O Novo Código de Processo Civil (NCPC, Lei nº 13.105/2015), que entrou em vigor em março de 2016, trata da força probante dos documentos e da arguição de falsidade no Livro I da Parte Especial, ao Título I, Capítulo XII, Seção VII, Subseções I e II, nos Artigos do 405 ao 429 (particularmente interessantes os Artigos 411, 422, 425, 428 e 429), pelo que diz respeito à força probante, e do 430 até o 433, pelo que diz respeito à arguição de falsidade.

> *Art. 411. Considera-se autêntico o documento quando:*
>
> *I – o tabelião reconhecer a firma do signatário;*
>
> *II – a autoria estiver identificada por qualquer outro meio legal de certificação, inclusive eletrônico, nos termos da lei;*

III - não houver impugnação da parte contra quem foi produzido o documento.

Art. 422. Qualquer reprodução mecânica, como a fotográfica, a cinematográfica, a fonográfica ou de outra espécie, tem aptidão para fazer prova dos fatos ou das coisas representadas, se a sua conformidade com o documento original não for impugnada por aquele contra quem foi produzida.

§ 1º As fotografias digitais e as extraídas da rede mundial de computadores fazem prova das imagens que reproduzem, devendo, se impugnadas, ser apresentada a respectiva autenticação eletrônica ou, não sendo possível, realizada perícia.

§ 2º Se se tratar de fotografia publicada em jornal ou revista, será exigido um exemplar original do periódico, caso impugnada a veracidade pela outra parte.

§ 3º Aplica-se o disposto neste artigo à forma impressa de mensagem eletrônica.

Art. 425. Fazem a mesma prova que os originais:

I - as certidões textuais de qualquer peça dos autos, do protocolo das audiências ou de outro livro a cargo do escrivão ou do chefe de secretaria, se extraídas por ele ou sob sua vigilância e por ele subscritas;

II - os traslados e as certidões extraídas por oficial público de instrumentos ou documentos lançados em suas notas;

III - as reproduções dos documentos públicos, desde que autenticadas por oficial público ou conferidas em cartório com os respectivos originais;

IV - as cópias reprográficas de peças do próprio processo judicial declaradas autênticas pelo advogado, sob sua responsabilidade pessoal, se não lhes for impugnada a autenticidade;

V - os extratos digitais de bancos de dados públicos e privados, desde que atestado pelo seu emitente, sob as penas da lei, que as informações conferem com o que consta na origem;

VI - as reproduções digitalizadas de qualquer documento público ou particular, quando juntadas aos autos pelos órgãos da justiça e seus auxiliares, pelo Ministério Público e seus auxiliares, pela Defensoria Pública e seus auxiliares, pelas procuradorias, pelas repartições públicas em geral e por advogados, ressalvada a alegação motivada e fundamentada de adulteração.

§ 1º Os originais dos documentos digitalizados mencionados no inciso VI deverão ser preservados pelo seu detentor até o final do prazo para propositura de ação rescisória.

> *§ 2º Tratando-se de cópia digital de título executivo extrajudicial ou de documento relevante à instrução do processo, o juiz poderá determinar seu depósito em cartório ou secretaria.*
>
> *Art. 428. Cessa a fé do documento particular quando:*
>
> *I – for impugnada sua autenticidade e enquanto não se comprovar sua veracidade;*
>
> *II – assinado em branco, for impugnado seu conteúdo, por preenchimento abusivo.*
>
> *Parágrafo único. Dar-se-á abuso quando aquele que recebeu documento assinado com texto não escrito no todo ou em parte formá-lo ou completá-lo por si ou por meio de outrem, violando o pacto feito com o signatário.*
>
> *Art. 429. Incumbe o ônus da prova quando:*
>
> *I – se tratar de falsidade de documento ou de preenchimento abusivo, à parte que a arguir;*
>
> *II – se tratar de impugnação da autenticidade, à parte que produziu o documento.*
>
> *(...)*
>
> *Art. 430. A falsidade deve ser suscitada na contestação, na réplica ou no prazo de 15 (quinze) dias, contado a partir da intimação da juntada do documento aos autos.*
>
> *Parágrafo único. Uma vez arguida, a falsidade será resolvida como questão incidental, salvo se a parte requerer que o juiz a decida como questão principal, nos termos do inciso II do art. 19.*
>
> *Art. 431. A parte arguirá a falsidade expondo os motivos em que funda a sua pretensão e os meios com que provará o alegado.*
>
> *Art. 432. Depois de ouvida a outra parte no prazo de 15 (quinze) dias, será realizado o exame pericial.*
>
> *Parágrafo único. Não se procederá ao exame pericial se a parte que produziu o documento concordar em retirá-lo.*
>
> *Art. 433. A declaração sobre a falsidade do documento, quando suscitada como questão principal, constará da parte dispositiva da sentença e sobre ela incidirá também a autoridade da coisa julgada.*

Algumas observações importantes podem ser feitas sobre os Artigos citados:

1. A combinação dos Artigos 411 e 425 tem, entre outras, as seguintes consequências jurídicas relativas aos assuntos em foco:

a) As cópias digitalizadas de documentos juntadas aos autos (pelos advogados) têm o mesmo valor que os originais, se não impugnadas (dentro do prazo de lei). Isso significa que é de fundamental importância analisar os documentos juntados em formato digital e impugnar aqueles que forem suspeitos dentro do prazo legal.

b) Mensagens de e-mail impressas passam a ter valor de prova e ser consideradas autênticas caso não impugnadas nos prazos.

c) Os originais dos documentos digitalizados devem ser preservados por seu detentor. Obviamente, o intuito dessa norma é permitir que sejam solicitados os originais no caso de uma eventual perícia quanto à sua autenticidade.

d) Uma vez impugnado um documento particular, ele cessa de ter fé (ou seja, de ser considerado prova autêntica) até que seja provada sua veracidade.

e) O ônus da prova incumbe à parte que arguir a falsidade de um documento, ou a quem o produziu, no caso de impugnação de sua autenticidade (ver menção ao Art. 373 NCPC mais à frente).

2. O Art. 430, em especial, determina que "a falsidade deve ser suscitada na contestação, na réplica ou no prazo de quinze dias, contado a partir da intimação da juntada do documento aos autos". Ou seja, é de fundamental importância uma detecção rápida, pois, uma vez transcorrido o prazo aqui definido, não mais será possível arguir a falsidade do documento, sendo este, portanto, considerado autêntico e verdadeiro. Importante também observar que o NCPC não prevê mais a automática suspensão do processo principal até o encerramento do incidente (como no antigo CPC/1973). Isso agora somente acontece se a parte requerente solicitar que o incidente seja julgado como questão principal.

3. O Art. 431 especifica que "a parte arguirá a falsidade expondo os motivos em que funda a sua pretensão...". Ou seja, não é suficiente dizer que o documento é falso; é necessário explanar as razões que levam a parte a fazer tal alegação. Essas razões podem ser de cunho técnico (indicando indícios da alegada falsidade) ou de tipo declaratório (por exemplo, "eu nunca assinei aquele documento").

4. O Art. 432 abre uma brecha para que não seja realizado o exame pericial (que, diferentemente, é obrigatório), com a opção, pela parte que produziu o documento, de retirá-lo dos autos. No CPC/1973 essa opção era subordinada à aceitação da parte arguente; no NCPC/2015 isso não é mais necessário.
5. Outra diferença relevante, dada pelo Art. 433, é que a sentença acerca da falsidade, quando suscitada como questão principal, terá autoridade de coisa julgada, diversamente do que prevê o CPP em seu Art. 148 (ver a seguir).

De grande relevância é também o Art. 373 NCPC, que trata em geral do ônus da prova, o qual incumbe: a) ao autor, quanto ao fato constitutivo de seu direito; ou b) ao réu, quanto à existência de fato impeditivo, modificativo ou extintivo do direito do autor.

No mesmo artigo, porém, se estabelece também que o ônus da prova pode ser distribuído de forma diversa quando "tornar excessivamente difícil a uma parte o exercício do direito". Isso pode também ser utilizado na interpretação do já citado Art. 429 NCPC.

1.1.3. Processo penal

O Código de Processo Penal também tem previsão para arguição de falsidade em seu Livro I, Título VI, Capítulo VII, Artigos do 145 até o 148.

> *Art. 145. Arguida, por escrito, a falsidade de documento constante dos autos, o juiz observará o seguinte processo:*
>
> *I – mandará autuar em apartado a impugnação, e em seguida ouvirá a parte contrária, que, no prazo de 48 horas, oferecerá resposta;*
>
> *II – assinará o prazo de três dias, sucessivamente, a cada uma das partes, para prova de suas alegações;*
>
> *III – conclusos os autos, poderá ordenar as diligências que entender necessárias;*
>
> *IV – se reconhecida a falsidade por decisão irrecorrível, mandará desentranhar o documento e remetê-lo, com os autos do processo incidente, ao Ministério Público.*
>
> *Art. 146. A arguição de falsidade, feita por procurador, exige poderes especiais.*
>
> *Art. 147. O juiz poderá, de ofício, proceder à verificação da falsidade.*
>
> *Art. 148. Qualquer que seja a decisão, não fará coisa julgada em prejuízo de ulterior processo penal ou civil.*

Possui legitimidade para requerer o incidente de falsidade o querelante ou o querelado, a acusação ou a defesa, o Ministério Público e o procurador, desde que este tenha procuração com poderes especiais. O Juiz pode também, de ofício, proceder à verificação de eventual falsidade.

O incidente vai ser instaurado em autos apartados especialmente e somente para averiguar a suposta falsidade do documento. Via de regra, a instauração do incidente não causa a suspensão da ação principal.

O único efeito do incidente é manter ou não o documento nos autos da ação principal, ou seja, impedir que o juiz seja induzido ao erro pelo falso documento. A decisão no incidente não fará coisa julgada em ulterior processo penal ou civil.

Por conseguinte, em tese, um documento pode ser reconhecido falso em um incidente de falsidade, e o réu restar absolvido no subsequente processo que se instaurar em razão do crime de falsidade material ou ideológica ou outro relacionado à falsidade.

É oportuno observar que, na prática processual tanto cível quanto penal, o prazo para arguição de falsidade se aplica às partes, mas não ao Juízo. O Juiz que, a qualquer tempo, suspeitar ou se convencer da existência de um documento falso no processo, pode tranquilamente pedir uma perícia e, caso seja comprovada a falsidade, tomar as medidas cabíveis - isso em função do princípio processual majoritário da "**busca pela verdade real**".

Os crimes contra a fé pública, como o "uso de documento falso" (por exemplo, em um processo) ou a "falsificação de selo público", são crimes de ação pública incondicionada. Ou seja, a autoridade que tomar conhecimento de um caso desse tipo tem o dever e a obrigação (princípios da oficialidade e da obrigatoriedade) de não ignorar o caso e promover a ação competente.

Com relação à responsabilidade do advogado em casos de juntada de documentos falsos em um processo, é oportuno mencionar o Art. 6º do Código de Ética da OAB, que determina que "é defeso ao advogado expor os fatos em Juízo falseando deliberadamente a verdade ou estribando-se na má-fé". Reforçam tal orientação os Artigos 2º (inciso II), 3º e 20º do mesmo código, e nesse sentido vai também a seguinte ementa: "na hipótese de falsidade dos documentos originais, a responsabilidade do advogado somente ocorre em caso de coautoria ou de utilização nos autos, **ciente de que os documentos são falsos** ou, ainda, **se a falsificação for perceptível sem a necessidade de perícia**" (OAB/SP Proc. E-4.245/2013 - v.m., em 16 de maio de 2013, do parecer e ementa do Rel. Dr. Fábio De Souza Ramacciotti com declaração de voto do revisor Dr. Cláudio Felippe Zalaf - Presidente Dr. Carlos José Santos da Silva).

1.2. Equipamentos e preparação para os trabalhos

Os trabalhos de detecção e comprovação de falsificações requerem determinados equipamentos e preparos, além de conhecimentos a respeito das potencialidades da tecnologia, das características dos documentos e das modalidades de falsificação.

Os equipamentos e sistemas <u>mínimos</u> necessários para realizar trabalhos e análises dos tipos tratados neste livro são descritos a seguir:

1. Lupa normal de boa qualidade, com maior campo visual e preferencialmente iluminada, com aumento entre 3x e 5x, e lupa "conta fios" (para maior detalhamento) com aumento a partir de 10x. Uma boa opção são lupas para joalheiro, com aumento 10x, 20x ou 30x.

2. Câmera fotográfica com definição elevada (acima de 12 MP), com uma lente capaz de fotografias em modalidade "macro" e com um aumento de, pelo menos, 10x. Bastante útil que a câmera tenha, também, condição de capturar imagens com iluminação IR ("infrared" ou infravermelha), ou, se for o caso, ter uma segunda câmera com essa capacidade.
3. Um microscópio com capacidade para realizar fotografias. Pode servir também um microscópio digital. Existem, no comércio, equipamentos desse tipo (com conexão USB) com aumentos nominais de 500x a 1.000x (o real é, normalmente, cerca de 5% a 10% do nominal), por preços relati-

vamente modestos. Um equipamento desse tipo é suficiente para boa parte dos casos.

4. Computador de boa potência, com bastante memória (a partir de 8 GB de RAM, no mínimo) e com um adequado software de edição e elaboração gráfica. Em computadores com sistema Windows, recomendo em especial o Paint.net, um potente software de uso gratuito para o qual existe um grande número de extensões e funções adicionáveis, ou o Photoshop, que é um software pago. Outro software de uso gratuito que tem certa utilidade é o XPDF (<http://www.xpdfreader.com>), que permite extrair arquivos embutidos em documentos PDF (por exemplo, imagens) para poder analisar separadamente.
5. Um escâner colorido de alta resolução (a partir de 2.400 dpi, melhor se 4.800 ou 9.600 dpi[1] de resolução óptica), conectado ao computador, para poder escanear (ou digitalizar) os documentos, criando uma imagem em alta resolução. Algumas impressoras multifuncionais têm um escâner de qualidade minimamente suficiente para esse tipo de trabalho. Cuidado ao observar a diferença entre resolução óptica (a que interessa) e resolução aumentada via software (por interpolação).

Fonte: Epson

[1] *Dots per inch*, pontos por polegada.

6. Pode ser bastante útil uma fonte de luz UV (ultravioleta), sobretudo para auxiliar na validação de selos e outras características de segurança em diversos outros tipos de documentos. Pequenas lanternas que produzem luz UV podem ser encontradas no comércio brasileiro por valores modestos.
7. Uma fonte de luz IR (infravermelha) pode também ser útil, em combinação com uma câmera capaz de capturar imagens assim iluminadas, para detectar certos tipos de alterações e detalhes escondidos em documentos. Existem também lanternas IR à venda em algumas lojas especializadas.

Para realizar análises documentoscópicas complexas, sobretudo em documentos originais, podem ser necessários equipamentos mais sofisticados, como comparadores espectrais de vídeo (é famosa a série VSC da Foster & Freeman), microscópios de maior potência, câmeras de melhor qualidade, softwares específicos para determinados tipos de análises avançadas (inclusive comparativas) ou, ainda, equipamentos para análises químicas e físicas de outra natureza. Esses equipamentos têm alto custo e se encontram, de norma, somente em laboratórios especializados de criminalística.

Com certeza, além de tudo o que foi citado, a mais importante de todas as ferramentas será a sua concentração e a sua atenção aos detalhes. Por isso recomendo que não inicie nenhum trabalho de análise quando estiver, por qualquer razão, cansado ou, de qualquer forma, incapaz de se concentrar plenamente e de prestar grande atenção aos menores detalhes.

Os trabalhos têm, como seu início normal, a aquisição dos arquivos digitalizados contendo os documentos "questionados", no seu mais definido formato disponível. Em alternativa, quando isso não for possível, poderão ser adquiridas fotografias em alta definição (melhor se mais de uma fotografia para cada item, incluindo detalhes de assinaturas, de selos e de carimbos em modalidade "macro") e/ou, quando possível, cópias escaneadas em alta definição e em cores dos documentos em foco, para análise.

Importante atentar ao fato de que, mesmo sendo ambos equipamentos para captura de imagens, a imagem capturada por uma câmera tem características diferentes da imagem capturada por um escâner. Em determinados tipos de trabalhos, sobretudo em se tratando de análise grafoscópica detalhada (dinâmica, pressão etc.) ou análise de certas características do documento ou da impressão, poderá não ser possível substituir a imagem capturada por uma câmera pela imagem capturada por um escâner. Por outro lado, vale ainda observar que diversos escâneres modernos proporcionam a possibilidade de realizar digitalizações simulando a "exposição fotográfica", com resultados bastante semelhantes aos de uma fotografia com uma boa iluminação direta. Uma das principais diferenças entre os dois equipamentos reside justamente no tipo, na intensidade e na direção da iluminação que pode ser utilizada.

Scanner com exp. fotográfica | Scanner sem exp. fotográfica | Fotografia com câmera digital

Caso os documentos já se encontrem em formato digital (arquivos de qualquer tipo, imagens, Word, PDF etc.), o que é comum nos chamados "processos digitais", deverá ser adquirida uma cópia de tais arquivos.

Os trabalhos de detecção e comprovação de falsificações, em documentos produzidos por via digital, assim como acontece com outros tipos de falsificações, apoiam suas bases, frequentemente, na possibilidade de realizar comparações entre documentos certamente autênticos e os documentos sob análise ou suspeita.

Considerando que um dos fundamentos da perícia em documentos digitais (assim como em documentos físicos) é a comparação do documento questionado com outro, ou, melhor, diversos outros (amostras ou padrões), de tipo e natureza semelhante e certamente autênticos, é de grande importância, para todo tipo de trabalho pericial, ter acesso a amostras autênticas de todos os elementos a serem periciados, sejam carimbos, assinaturas, escritas, textos, formatos, e-mails, formulários, modelos etc. Por essa razão, em fase de preparação, deverão ser enviados todos os possíveis esforços para coletar tais amostras, de preferência com boa redundância, através de diligências, solicitações, busca e coleta de outros documentos, pedidos específicos etc.

Se estiver atuando como perito nomeado pela justiça, poderá solicitar que o fornecimento de tais informações e amostras seja objeto de ordem judicial, de forma a facilitar os trabalhos. Vale, de toda forma, lembrar que, de acordo com o Art. 473 do

NCPC (Novo Código de Processo Civil), o perito judicial tem poderes para solicitar e requisitar, inclusive para efeito de comparação, documentos que estejam em poder das partes, de terceiros ou em repartições públicas de todos os tipos.

É meu entendimento que um bom perito, na busca da "verdade real" e quando necessário, deva ser hábil e estar pronto para realizar algum tipo de atividade investigativa com o intuito de conseguir juntar todas as informações e os elementos necessários para entender completamente o caso sob análise e poder, assim, responder de forma consistente e exaustiva aos questionamentos postos.

Outra atividade preliminar de grande importância, para a execução de uma boa perícia, é a análise detalhada dos autos, das alegações das partes e de todos os documentos juntados (não somente daqueles contestados ou suspeitos), de forma a entender com precisão o caso como um todo e, mais especificamente, as circunstâncias sob as quais tais documentos teriam sido criados, originados ou assinados, o que pode auxiliar e oferecer uma visão mais abrangente ao longo do processo de análise dos questionamentos.

1.3. Alcance das perícias em documentos digitais

Conforme já se pode deduzir do título deste livro, o intuito principal na maioria dos casos de análise de um documento em formato digital, ou de origem digital, é verificar sua eventual falsidade e não comprovar sua autenticidade. Ou seja, o objetivo prevalente de tal análise é o de, eventualmente, chegar a uma validação negativa e não a uma validação positiva. Diferente é o caso de documentos produzidos digitalmente e depois impressos e, se for o caso, assinados em original, que, estando presentes as características necessárias, podem sim ser autenticados, até certo ponto.

Importante atentar, neste último caso, para a eventual existência de assinaturas ou escritas manuais falsificadas digitalmente, mas que aparentem ser originais.

A respeito disso, vale mencionar o que o italiano Salvatore Ottolenghi (1861-1934), médico legal, colaborador de Cesare Lombroso e um dos primeiros teóricos da grafoscopia moderna, afirma em suas obras em relação à autenticação de escritas (na época somente em original cartáceo): "(...) não é possível afirmar com absoluta certeza a autenticidade de uma escrita enquanto é possível fazer isso quanto a sua eventual falsidade". Ou seja, segundo Ottolenghi, mesmo trabalhando em documentos originais, o perito poderá constatar a ausência de relevantes sinais de falsificação e, portanto, a muito provável autenticidade da escrita, mas não poderá afirmar a autenticidade de forma absoluta, enquanto poderá fazer isso quanto à falsidade.

Outros autores, como os americanos Roy A. Huber e Alfred M. Headrick (1999), afirmam algo próximo do contrário do que Ottolenghi acredita, ou seja, que pode ser possível identificar com segurança um escritor enquanto não é plenamente confiável a exclusão de uma autoria gráfica.

Pessoalmente, defendo que cada caso deva ser cuidadosamente analisado em sua unicidade e que o perito deva se inteirar detalhadamente de todos os aspectos do caso (não somente aqueles estritamente técnicos e documentoscópicos) para chegar a algum convencimento e poder, assim, emitir um parecer mais sólido e fundamentado, além de prudente.

A frequente ausência ou dificuldade em conseguir os originais dos documentos digitais apresentados em operações, transações ou processos pode efetivamente limitar o alcance de muitas análises, mas, em muitos casos, não é um fator crítico para se poder chegar a uma consistente validação negativa (ou seja, comprovação de falsidade). De fato, não é incomum que, uma vez solicitados os originais de determinados documentos apresentados em um processo digital, sejam entregues cópias impressas alegando serem, estas, os "originais" digitalizados.

De grande importância, por sua vez, é a possibilidade de ter acesso a documentos certamente autênticos e úteis para fins de comparação. Este, na opinião de quem escreve, é realmente um fator crítico para a efetividade e o alcance de muitas perícias em documentos em formato digital. Importante salientar que, em muitos casos, pode ser suficiente ter acesso a tais documentos para fins de comparação, até mesmo em cópia (desde que de boa qualidade), pois diversos elementos relevantes são apreciáveis também em cópias de qualidade elevada.

Resumidamente, pode-se dizer que a análise de documentos em formato exclusivamente digital é frequentemente inconclusiva quando se trata de atestar sua autenticidade, mas, dependendo do tipo de documento e de diversos outros fatores, há chance de ser conclusiva e segura no que diz respeito a atestar sua falsidade.

Por essa razão é sempre relevante avaliar com cuidado cada caso e cada objetivo, para poder decidir a respeito da possibilidade e oportunidade de se realizar uma perícia baseada em documentos em formato digital ou em cópias digitais.

A posição que, por vezes, se encontra, por parte dos peritos que se recusam a realizar perícias em cópias ou documentos digitais deveria ser mais bem avaliada caso a caso, sendo que, a meu ver, faz sentido somente quando o objetivo for atestar a autenticidade de tais documentos, mas pode não fazer sentido se for suficiente atestar sua falsidade.

Diferente é, obviamente, o caso de documentos realizados, ou falsificados, digitalmente, mas que aparentem ser originais e sejam apresentados como tais (é o caso de RGs falsificados, documentos com autenticações falsificadas, documentos impressos em cores para ter aparência de originais etc.).

Esses documentos, por serem apresentados como originais, podem, sim, ser periciados para verificar todas as suas características e sua potencial autenticidade ou falsidade.

Dependendo dos casos, da origem dos documentos em análise e de seu uso, pode ser oportuno realizar todos os trabalhos de coleta de forma documentada e comprovável, se for o caso com protocolos e testemunhas, de forma a ter lastro contra eventuais contestações relativas à origem dos documentos analisados.

Uma postura comum dos falsários, uma vez descobertos, é negar a autoria e se passar por vítimas, tentando descaracterizar ou disfarçar o uso do documento falso e até sua origem. É frequente ouvir desculpas do tipo "me deram esse documento assim", "fulano que fez/providenciou/guardava esse documento" (e esse fulano sempre será alguém difícil de encontrar), "encontrei esse documento em meu arquivo, mas não sei quem o colocou lá", "não sabia que era uma cópia" etc.

Em alguns casos, os mais ousados chegam a apresentar boletins de ocorrência realizados "ad hoc" para suportar suas desculpas (os quais, obviamente, vêm a constituir outro crime, uma vez comprovada a falsidade ideológica do B.O.).

Afinal, em muitos casos, uma vez descoberta a falsidade, uma questão que era somente da alçada cível pode passar a ter implicações penais (os vários crimes de falsidade e, talvez, estelionato ou até formação de quadrilha e organização criminosa), fazendo com que vire prioritário, para quem apresentou os documentos falsos, tentar se desvincular de todas as responsabilidades.

1.4. Tipos de impressão

Uma vez falsificado digitalmente um documento, este pode ser apresentado na forma digital (em um arquivo dos vários formatos gráficos ou de documentos, por exemplo, o PDF normalmente usado nos processos eletrônicos) ou impressa.

Existem diversos casos nos quais um documento falsificado digitalmente pode ser "desmascarado" pelo método ou forma de impressão, inclusive a do eventual "original" escaneado. Pensamos, por exemplo, em um comprovante de depósito cujo recibo deveria ser impresso termicamente, mas que tenha sido falsificado digitalmente e apresentado impresso com impressora laser, ou em um extrato bancário que deveria ser impresso a laser (as impressoras para grandes volumes, como no caso dos bancos, costumam usar essa tecnologia) e que tenha sido apresentado impresso em jato de tinta com impressora caseira, ou ainda em um carimbo reproduzido a laser. Isso, por si só, identificaria o documento com um falso (ou, no mínimo, não original).

Por essa razão é de grande importância, para fins documentoscópicos, conhecer as características de cada tipo de processo de impressão e escrita e saber diferenciar uns dos outros.

As principais tecnologias ou modalidades de impressão de documentos que se encontram em uso até o presente momento são as seguintes.

1.4.1. Matricial

Trata-se de uma das tecnologias de impressão digital mais antigas. A impressão é realizada por uma linha vertical, ou uma matriz, de "agulhas" que impactam uma fita (há diversos tipos de fita possíveis, sendo as principais as de tecido embebidas de tinta e, mais modernas e comuns, as de plástico com camada de tinta seca) e assim transferem a tinta para o papel, criando a impressão na forma de pontos (um para cada agulha). As impressoras desse tipo mais frequentemente encontradas têm 9, 18 ou 24 agulhas, o que define sua qualidade de impressão. Deixam marca física (sulco) no papel, por causa do impacto das agulhas.

Ainda encontram uso em aplicações, tais como:

- Impressão de documentos fiscais e outros onde seja necessária uma segunda via (pela possibilidade de usar com papel carbono, por causa da impressão por impacto).
- Situações onde seja necessário manter um custo de impressão baixo, por exemplo, quando se imprimem volumes médio/grandes e a qualidade e o tempo de impressão não são fatores importantes.
- Impressão de documentos em formulário contínuo (cheques, etiquetas etc.).

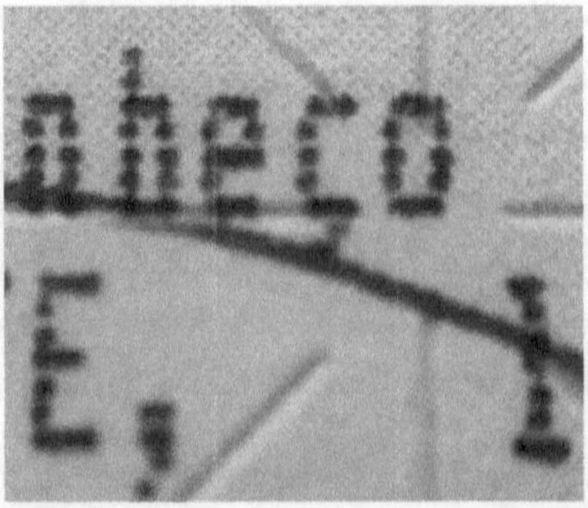
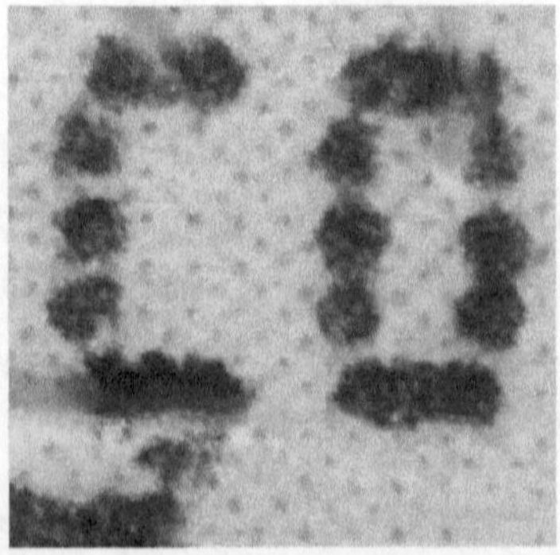

1.4.2. Laser

Tecnologia hoje muito difundida devido ao barateamento dessas impressoras. Tem qualidade de impressão excelente, podendo inclusive imprimir em cores. A impressão é realizada aproveitando a eletricidade estática. Primeiramente uma carga elétrica positiva é aplicada em toda a extensão do tambor (um cilindro fotorreceptor rotativo). Depois um raio laser desenha a imagem ou o texto a ser impresso, descarregando a carga eletrostática dos pontos que atinge enquanto o tambor rodar. Assim, na prática, o laser cria um desenho eletrostático no tambor a partir das informações enviadas pelo computador. Na fase sucessiva a tinta (que se encontra em formato de pó fino e seco, que possui carga elétrica positiva, chamado "toner") é atraída eletricamente para os pontos que formam o desenho no tambor, que têm carga negativa (e repelida pelas demais áreas carregadas positivamente), simplesmente com umas rotações do tambor em proximidade ao reservatório de toner.

Sucessivamente o papel sai da bandeja, recebe uma carga negativa mais forte que as desenhadas pelo laser no tambor e, ao entrar em contato com este último, atrai o pó do toner (por ter carga negativa mais forte) e assim fica com a imagem gravada na forma do pó depositado no papel. O tambor é então descarregado por completo para que o papel não fique preso a ele. Em seguida o papel passa entre dois cilindros aquecidos (conjunto chamado de "fusor"), que proporcionam a fusão do toner no papel, fixando assim a impressão. Por essa razão as folhas costumam sair da impressora quentes e com alguma sobra de carga estática (colando umas nas outras).

Na prática o resultado final é uma folha de papel onde os desenhos são formados por uma tinta que se encontrava em forma de pó e que foi fundida em cima do papel para nele se fixar. Podem ter, normalmente, definições variáveis de 300 até 2.400 dpi, sendo que, normalmente, as impressoras laser industriais, para grandes quantidades e velocidades (extratos bancários, contas de concessionárias etc.), tendem a ter definição menor (algumas até abaixo de 300 dpi - ver segundo exemplo a seguir).

1.4.3. Jato de tinta (*inkjet*)

Outra tecnologia extremamente difundida nos dias de hoje, inclusive pelo baixo preço de aquisição desse tipo de impressora e pela alta qualidade/definição das impressões. Tem um custo por página impressa normalmente superior à impressão a laser (com algumas possíveis exceções), mas também uma definição mediamente superior.

Essas impressoras utilizam um cabeçote de impressão com centenas de minúsculos orifícios que despejam gotículas de tinta, comandados por um sistema que determina onde (ou seja, a partir de quais orifícios) devem ser lançadas as gotículas, sua quantidade e mistura de tintas. Existem dois diferentes sistemas para expelir as gotículas do cabeçote: o térmico (também chamado de "bubble jet") e o piezoelétrico. Podem ser coloridas (com a possibilidade de misturar cores inclusive para formar a cor preta, ver primeiro exemplo a seguir), ou preto e branco (usando somente um cartucho de tinta preta, ver segundo exemplo). Existem impressoras a jato (profissionais e de custo elevado) que conseguem atingir uma definição altíssima, sendo fáceis de confundir com impressão *offset* ou laser, sem um exame muito atento.

Existem hoje, também, impressoras jato de tinta industriais, usadas para imprimir grandes quantidades de documentos com qualidade mediana ou até alta e boa velocidade geral (mas ainda inferior à impressão a laser industrial). Essas impressoras, com os apropriados sistemas de abastecimento de tinta em grande quantidade, podem ter um custo por impressão menor que as impressoras a laser, dependendo do tipo de documento.

1.4.4. Térmica

Existem dois tipos de impressão "térmica":

1. A impressão térmica direta, na qual uma cabeça térmica produz a imagem aquecendo seletivamente, por pontos, um papel especial termossensível. Esse tipo de impressão tem normalmente uma resolução de 203 dpi ou 8 pontos/mm.
2. A impressão por termotransferência, na qual a cabeça térmica gera micropontos de calor que fundem a tinta do *ribbon* (uma fita com uma camada de tinta especial) e assim a transfere e fixa no papel. Essa modalidade não utiliza papel térmico e tem uma resolução variável de 8 a 24 pontos/mm (200 a 600 dpi).

Notas fiscais, extratos/comprovantes de caixa automático, recibos de cartão de crédito, tíquetes de estacionamento, ingressos de cinema/teatro e muitos outros documentos são frequentemente impressos com essa tecnologia. Mensagens enviadas pelo sistema fax são também, em muitos casos, impressas em papel térmico.

As impressões em papel térmico tendem a se degradar com o tempo, podendo desaparecer ou ficar ilegíveis em questão de meses ou, no máximo, alguns anos, dependendo das condições e modalidades de conservação (fatores que aceleram a degradação e o desaparecimento da impressão são a exposição a calor, luz e umidade).

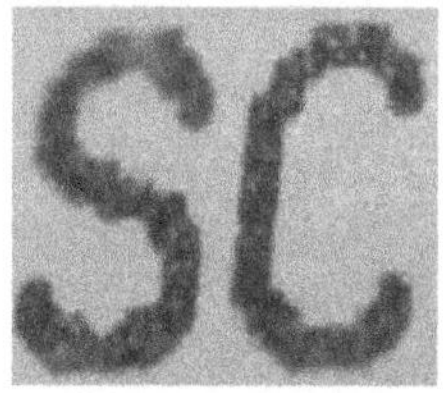

As três anteriores são amostras de impressão térmica direta, com papel termossensível.

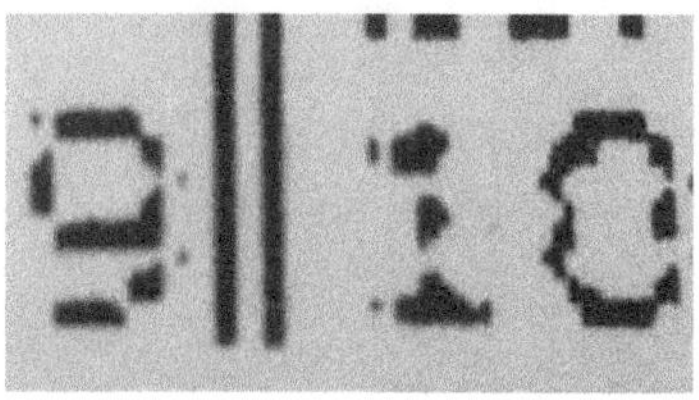

As duas últimas são amostras de impressão térmica indireta (com ribbon).

1.4.5. *Offset*

A impressão *offset* é considerada uma evolução da litografia. Trata-se de um processo baseado na interação, ou melhor, repulsão entre água e tinta gordurosa. O sistema de impressão *offset* é indireto, ou seja, a imagem é primeiro transportada para uma chapa metálica (normalmente de alumínio, chamada chapa *offset* ou matriz de impressão) que é depois montada em um "cilindro porta matriz". A imagem na chapa é completamente lisa, enquanto as partes que não devem receber tinta têm um fundo poroso para reter a água. O cilindro porta matriz é primeiramente umedecido com uma solução de água que preenche as áreas porosas, depois é aplicada a tinta gordurosa que adere somente aos grafismos, já que a água utilizada na primeira fase do processo repele a tinta nas demais áreas. Após essa fase, o cilindro porta matriz transfere a tinta para um segundo cilindro, chamado "cilindro de impressão" ou "blanqueta", feito com um suporte de borracha, e esse cilindro transfere a imagem a ser impressa para o papel (ou outro suporte) com a ajuda de um terceiro cilindro, chamado de "contrapressão", que regula a pressão com a qual o grafismo é transferido da blanqueta para o papel.

Livros, revistas, jornais, embalagens e muitos outros impressos são hoje realizados com essa tecnologia, que oferece alta qualidade e baixo preço, quando utilizada para grandes volumes. A imagem impressa em *offset* possui os contornos bem definidos, facilmente observados por meio de lupa conta-fio.

A tecnologia *offset* não se presta a impressões dinâmicas, com textos variáveis (por exemplo, extratos, contas ou outros impressos personalizados).

1.4.6. Carimbo

O carimbo é uma imagem especular e em relevo do desenho ou texto a ser reproduzido, realizado em diferentes materiais (borracha, plástico, metal, madeira...). Tal imagem em relevo recebe a tinta por pressão em um tampão embebido e depois a passa para o papel (ou outro suporte) novamente por pressão. Pode haver variação na espessura e definição dos traços, dependendo da pressão aplicada na hora da impressão no papel e também dependendo do material do qual é feito o carimbo (mais macio ou mais duro). A impressão é heterogênea e frequentemente tem falhas e defeitos em consequência da distribuição irregular da tinta, da pressão ou posição irregular ou "tremida" na hora da impressão, de defeitos na produção do carimbo ou, ainda, desgaste.

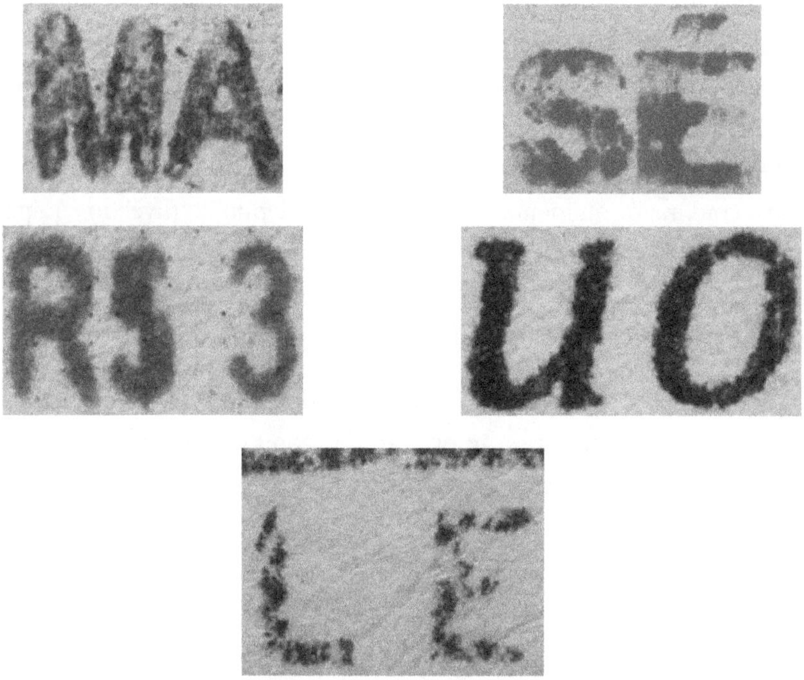

O último é um exemplo de carimbo em metal. Por ter menor flexibilidade, é comum que deixe uma impressão com mais falhas, dependendo de diversos fatores.

1.4.7. Xerográfica

A impressão, ou melhor, cópia xerográfica original é um processo muito parecido com a impressora a laser, com a diferença de que na impressora a laser o desenho no tambor é realizado a partir de uma fonte digital convertida pelo raio laser e na impressão xerográfica o processo é analógico (parecido com uma fotografia). O documento original é iluminado por uma forte lâmpada e a luz refletida é direcionada, através de espelhos e lentes, para o tambor (também chamado de cilindro fotocondutor ou cilindro de impressão), que se ioniza positivamente nas partes correspondentes às áreas a serem impressas. Sucessivamente, o processo é igual ao de uma impressora a laser, com o uso de toner carregado negativamente etc. A qualidade é boa, mas sempre há uma perda, em relação ao original, em cada ciclo de reprodução.

A quase totalidade das copiadoras de hoje não trabalha mais com o sistema fotográfico anteriormente descrito, usando espelhos, mas, sim, com o sistema digital. Ou seja, na prática, são um conjunto formado por um escâner de boa resolução (entre 600 e 1200 dpi, normalmente) e uma impressora com tecnologia a laser ou, as menos profissionais, a jato de tinta. A cópia resultante será o equivalente a uma imagem escaneada, com maior ou menor qualidade, dependendo do nível do equipamento, e depois impressa. Por se tratar, de toda forma, de uma conversão analógico/digital, a qualidade da impressão será sempre um pouco inferior àquela que se obteria imprimindo o mesmo documento "em original" com uma impressora a laser.

Oportuno observar ainda que existem em comércio copiadoras digitais que utilizam a tecnologia *inkjet* para a impressão das cópias, as quais, portanto, terão as características já descritas na seção sobre esse tipo de impressão.

1.4.8. Rotogravura

É um processo de impressão direta, no qual um cilindro com uma camada de cobre (revestido em cromo para maior durabilidade) recebe a gravação, por escavação, de células (ou alvéolos) que receberão a tinta. A gradação das tonalidades da imagem é determinada pela profundidade das células. Cada cor de impressão corresponde a um cilindro.

O processo de impressão difere dos demais, entre outros detalhes, pela necessidade de que todo o grafismo original tenha de passar por um processo de reticulagem (correspondente às células a serem gravadas no cilindro). A impressão é rotativa e se dá em diversos tipos de suportes (papel, plásticos, embalagens de diversos tipos etc.).

Trata-se de um processo de alta tiragem (pois o cilindro dura 10 vezes mais que aquele utilizado na flexografia e 20 vezes mais que o do *offset*) muito utilizado, entre outros, no mercado editorial (sobretudo periódicos) e para embalagens (sobretudo flexíveis).

Os impressos em rotogravura apresentam contornos de imagem caracterizados por um serrilhado.

1.4.9. Flexográfica

Trata-se de um processo de impressão gráfica em que é utilizado um cilindro rotativo com um clichê de borracha, ou fotopolímero, em relevo. O sistema pode ser comparado com uma espécie de carimbo rotativo, utilizando tintas e diversas outras características que o diferenciam do carimbo, inclusive no que diz respeito à qualidade e às características da impressão. Uma de suas virtudes é a flexibilidade para imprimir nos mais variados suportes, de durezas e superfícies diferentes. Bastante usado, entre outros, em embalagens e rótulos. Uma das características mais marcantes da impressão flexográfica é a existência de uma espécie de borda mais clara ao redor dos caracteres ou desenhos impressos.

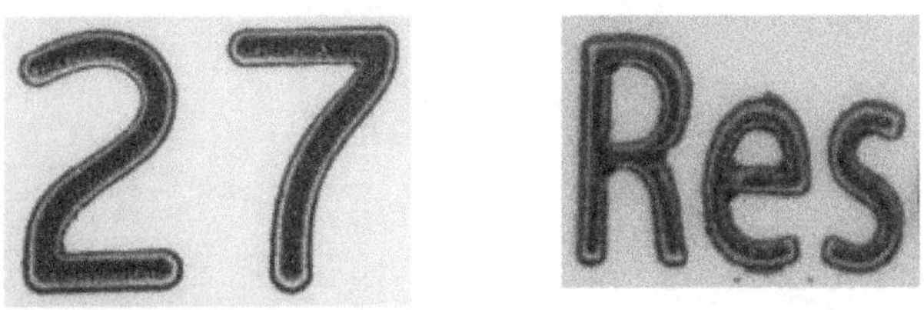

1.4.10. Serigráfica

É um processo de impressão no qual a tinta é vazada à força (pela pressão de uma espécie de rodo ou puxador) para o substrato abaixo dela (o suporte a ser impresso), através de uma tela preparada na qual a trama do tecido reproduz o tema a ser impresso, na forma de pontos permeáveis e pontos impermeáveis à tinta.

É utilizada na impressão em diversos tipos de materiais (papel, plástico, borracha, madeira, vidro, tecido etc.) e superfícies (cilíndrica, esférica, irregular, clara, escura, opaca, brilhante etc.).

Suas características mais comuns são a baixa lineatura (quantidade de fios por cm linear que compõem a trama do tecido, ou seja, finalmente, a definição da impressão) e a grande carga de tinta aplicada ao impresso, produzindo uma saliência muitas vezes sensível ao toque.

1.4.11. Tipográfica

É um sistema de impressão direta no qual uma matriz em alto relevo é entintada através de um ou mais rolos e sucessivamente transfere ao suporte (papel ou outro) por pressão (como em um carimbo), fazendo assim a impressão. A matriz é montada com tipos (caracteres metálicos em vários tamanhos e "fontes") e clichês (fôrmas metálicas com imagem em alto relevo) para formar o conteúdo a ser impresso. O resultado da impressão é normalmente caracterizado por um baixo-relevo, que pode ser mais ou menos marcado, dependendo da pressão exercida e do tipo de papel utilizado. É o sistema descendente daquele inventado por Johannes Gutenberg em 1439.

1.4.12. Calcográfica

Também chamada de impressão "talho doce", é uma impressão em relevo que gera efeito sensível ao tato. Normalmente usada em documentos de segurança (documentos de identidade, cédulas de dinheiro, raramente em cheques...), é considerada uma das técnicas gráficas mais seguras contra fraudes. Os caracteres ou desenhos são entalhados diretamente em uma chapa metálica por meio de incisões feitas com uma ferramenta pontiaguda (hoje isso é feito com equipamentos digitais, antigamente era à mão), a chapa recebe depois a tinta especial nos sulcos assim criados e a transfere para o papel. Sua principal característica é o relevo da tinta, que é claramente sensível ao toque, além de visível com lupa ou microscópio.

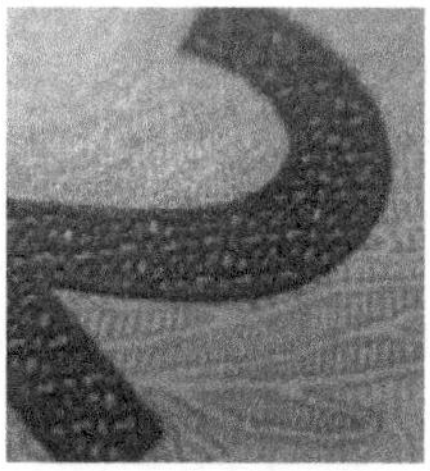

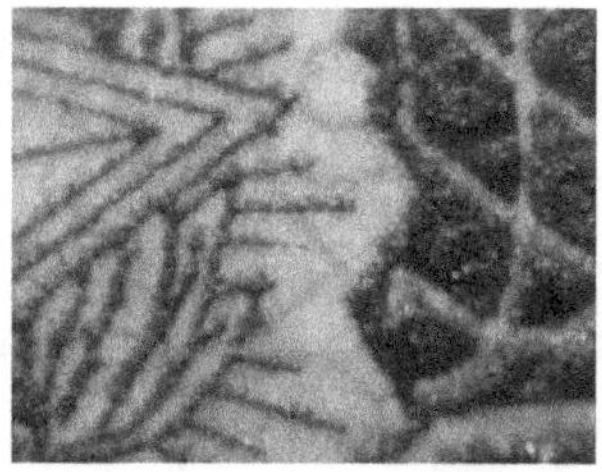

1.4.13. Datilográfica

É a impressão produzida por uma máquina de escrever; um instrumento mecânico, eletromecânico ou eletrônico com teclas que, quando premidas, causam a impressão de caracteres num documento através do impacto de um molde do caractere (em metal ou, às vezes, plástico duro) em uma fita de tinta (em tecido embebido ou em plástico com uma camada de tinta), transferindo assim a tinta para o papel. Por ser uma tecnologia baseada em impacto, deixa uma marca física (sulco) no papel e pode ser usada também para fazer cópias com papel carbono. Outra característica comum é o não perfeito alinhamento dos caracteres devido à própria tecnologia de impressão (um caractere de cada vez).

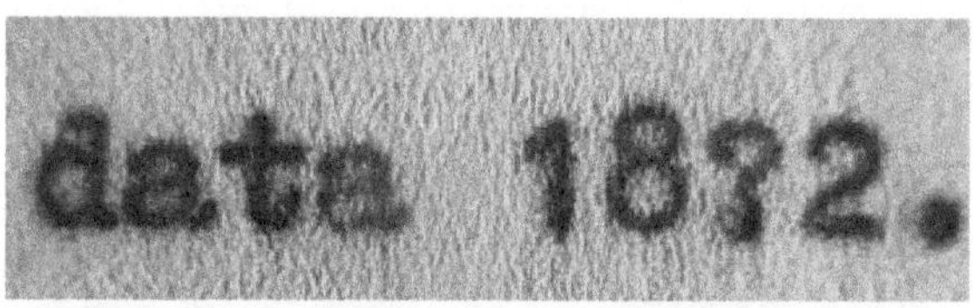

1.4.14. Canetas e outros instrumentos escritores

Mesmo que não usadas para imprimir documentos digitais, podem ser falsificadas neles (por exemplo, simulando uma assinatura que na realidade foi escaneada e impressa em cores), por isso é importante saber que existem diversos tipos de "canetas", ou instrumentos escritores, e ter uma ideia das características de cada uma.

Os tipos mais comuns de instrumentos de escrita, além do clássico lápis, são: caneta esferográfica, *rollerball*, hidrográfica e tinteiro. Cada uma tem suas características e peculiaridades.

A esferográfica e a *rollerball* deixam um sulco relativamente pronunciado no papel, por usarem, em sua extremidade escritora, uma pequena esfera que transfere a tinta por rolagem sob pressão. Diferem pelo tipo de tinta, sendo a primeira uma tinta mais densa, pastosa e gordurosa (que deixa falhas características, úteis para indicar a direção do traço) e a segunda uma tinta mais líquida. Ademais, a *rollerball* costuma produzir um sulco menos acentuado.

A hidrográfica transfere uma tinta líquida através de um pequeno feltro em sua extremidade, o que não deixa sulco. A tinta, por ser líquida, penetra bastante o papel.

A tinteiro também usa uma tinta muito líquida que corre através de uma fenda na pena, criando um traço com espessura irregular. Costuma embeber profundamente o papel, sendo bastante difícil de cancelar ou remover (para alguns tipos de tinta, podem existir produtos para sua remoção química). Dependendo da pressão exercitada, também pode deixar um leve sulco no papel.

A espessura do traço dos diversos tipos de canetas pode variar em função da pressão exercitada e conforme o diâmetro da esfera (nas esferográficas e *rollerballs*), a grossura do feltro (na hidrográfica) e o tamanho da ponta da pena (na tinteiro).

Além disso tudo, existe o já mencionado lápis, que tem características ainda diferentes, consumindo o estilete de grafite enquanto deixa o traço na forma de pó que se deposita e adere ao papel. A espessura do traço costuma aumentar conforme a ponta de grafite se consome com a escrita. Isso, porém, não ocorre caso seja utilizada uma lapiseira, que, por usar minas com diâmetro constante, tem um traço com espessura mais uniforme.

Esferográfica

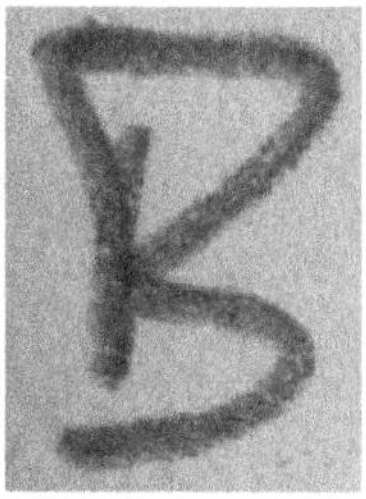

Lápis

Hidrográfica

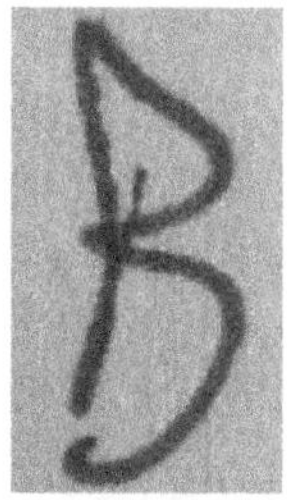

Rollerball

Tinteiro

Quando da análise de um documento impresso, é importante atentar para o tipo de tecnologia utilizada em tal impressão, para, sucessivamente, avaliar a compatibilidade de tal tecnologia com o tipo de tecnologia que se esperaria ser usada naquele documento, caso fosse original.

O mesmo vale para escritas supostamente ou aparentemente realizadas através de instrumentos escritores tradicionais. Um indício de adulteração/falsificação pode se dar, por exemplo, quando um único documento tem partes ou elementos de suas escritas realizados com um instrumento escritor diferente das demais, sem que exista uma explicação plausível para isso.

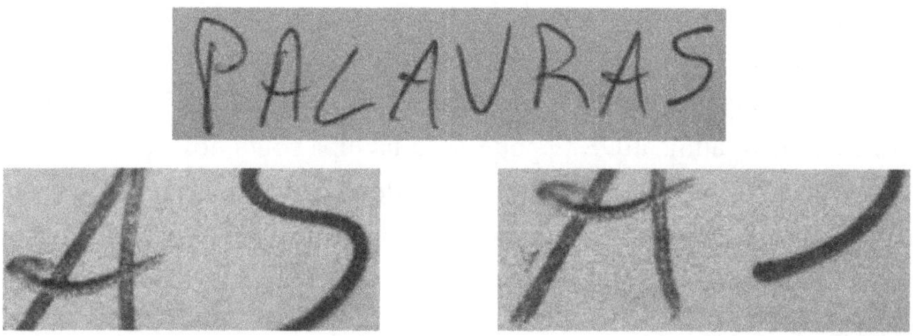

No exemplo, a escrita "PALAVRAS", vista a olho nu, parece normal, mas quando analisada com um aumento pode-se verificar que o "S" final foi escrito utilizando um instrumento escritor diferente do resto. No caso, a primeira parte "PALAVRA" foi escrita com uma caneta esferográfica, enquanto a letra "S" final foi escrita com uma caneta hidrográfica.

1.5. Utilidade e uso de algumas ferramentas

Neste item trataremos, brevemente, da utilidade de cada uma das principais ferramentas já mencionadas neste livro e do uso que delas pode ser feito.

1.5.1. Lupa genérica

Em muitas análises é suficiente uma lupa normal (com aumento de 3 a 5 vezes) para realizar boa parte dos trabalhos. Esse tipo de lupa, mesmo sem chegar a um grande detalhamento, já permite detectar muitas particularidades dos documentos. Ideal é que tenha um campo de visão bastante amplo (ou seja, a possibilidade de ver porções relativamente grandes do documento em análise). Excelente como primeira, fácil e portátil opção de análise de documentos suspeitos.

1.5.2. Lupa conta fios e microscópio

Quando os exames precisam de um nível de detalhamento maior, como, por exemplo, para determinar o meio de impressão usado, identificar dinâmicas na escrita ou ainda detectar pequenas alterações na qualidade ou definição do documento que denunciem uma montagem, pode ser necessário utilizar um instrumento óptico que permita maior aumento. Este pode ser uma lupa conta fios (normalmente com aumento a partir de 10x) ou ainda algum tipo de microscópio. O microscópio digital é uma ferramenta de grande utilidade, por permitir capturar e salvar imagens com grande aumento que podem ser usadas e estudadas posteriormente (inclusive por comparação).

1.5.3. Câmera e lentes macro

Servem para fotografar detalhes similares aos que podem ser vistos com lupas de grande aumento. Obter cópia dos detalhes do documento em exame é, normalmente, importante para a formação de um laudo bem fundamentado. Em determinados tipos de análise, que requerem um exame mais detalhado e demorado, fotografias de alta qualidade e com aumento podem ser fundamentais. Esse equipamento é também importante para capturar documentos que não possam ser entregues em original para análise ou que não possam ser removidos de seu local de guarda.

1.5.4. Escâner (*Scanner*)

Equipamento de grande utilidade para diversas finalidades. Primeiramente, para capturar documentos ou detalhes que precisem ser reproduzidos em laudos. Equipamentos modernos desse tipo podem realizar escaneamentos com exposição fotográfica, que produzem cópias (inclusive com aumento) bastante parecidas com as que podem ser obtidas através de uma câmera fotográfica. É recomendado que tenha capacidade para escanear em alta resolução, idealmente 4.800 ou 9.600 dpi ópticos.

1.5.5. Software gráfico

A grande maioria das perícias em documentos se beneficiará ou terá necessidade, em algum momento, de um software desse tipo. Redimensionamentos, aumentos, recortes, análises comparativas, captura (usando escâneres, microscópios digitais ou câmeras), filtros, medições etc. - estas, entre muitas outras, são funções pelas quais um bom software gráfico acaba sendo necessário. Útil observar que esse tipo de software costuma usar muita memória e poder de processamento, portanto, para seu uso, é oportuno ter um computador com adequada potência e recursos.

1.5.6. Fonte de luz IR (infravermelha)

Mesmo parecendo similares na luz normal, as diversas tintas podem reagir de forma bem diferente umas das outras, quando expostas a determinadas frequências de luz infravermelha. Existem tintas que têm um comportamento similar e, por isso, a luz infravermelha terá pouca utilidade, mas outras têm comportamento muito diferente, e a iluminação em infravermelho pode revelar coisas interessantes. A seguir, um exemplo de um texto cancelado (coberto) com uma caneta, que aparece novamente legível quando iluminado por luz IR.

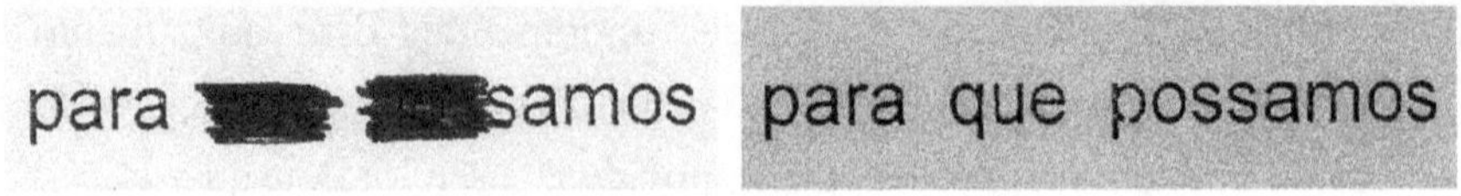

1.5.7. Fonte de luz UV (ultravioleta)

Muito útil para verificar detalhes e elementos de segurança em diversos tipos de documentos oficiais, como identidades, habilitações, passaportes, cédulas de dinheiro, selos cartoriais de autenticidade, papéis de segurança etc.

1.6. Elementos de segurança em cédulas e documentos públicos

É oportuno conhecer quais são os principais elementos de seguranças presentes nos mais comuns documentos públicos, assim como nas cédulas de Real. Isso porque, na análise de uma possível falsificação por meio digital, total ou parcial, tais elementos podem, às vezes, sinalizar irregularidades ou até mesmo permitir a comprovação da falsidade. Resta dizer que muitos dos citados elementos de segurança, por suas próprias características físicas, perdem muita (quando não toda) de sua eficácia, quando apresentados em cópia.

1.6.1. Registro Geral (RG)

Existem diversos modelos de espelhos de RG em circulação no país, dependendo da época e do estado de emissão. No caso dos RGs mais antigos, plastificados, é mais difícil validar diversos elementos de segurança - por exemplo, o talho doce na impressão do espelho. A seguir serão detalhados alguns dos principais elementos de segurança presentes nos espelhos de RG mais modernos, em uso em diversos estados do país, tomando como exemplo de base o RG de São Paulo.

- Fundo numismático com tecnologia *offset*.
- Impressão em talho doce em parte do espelho.
- Fundo invisível sensível à luz UV.

- Código de barras (e QR Code, nos mais modernos) e número/série na parte interna do RG (impressos com tecnologia laser).
- Tanto a foto (em cores) quanto a digital são escaneadas originalmente e impressas diretamente no espelho (com tecnologia sem impacto).

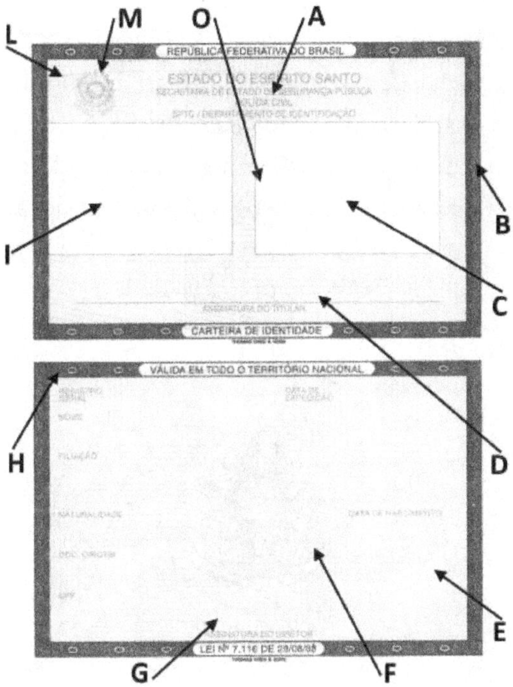

Fonte: SSP-ES

A – Órgão emissor
B – Filigrana negativa em calcografia
C – Fotografia do titular (normalmente impressa em cores, raramente colada)
D – Assinatura do titular
E – Fundo numismático simples
F – Fundo numismático com brasão do Brasil
G – Assinatura do diretor do órgão emissor
H – Filigrana negativa em calcografia
I – Impressão digital
L – Fundo numismático simples
M – Brasão do estado emissor
O – Perfuração com sigla do órgão emissor

Nota: diversos estados acrescentam em seus RGs itens de segurança adicionais como QR Code, fundo invisível sensível à luz UV etc.

De forma geral, em função da atual gestão independente por parte de cada estado e das diferentes formatações, a validação de RGs pode ser realizada somente com base em características físicas do documento e em específicas formatações e/ou informações de cada documento, em cada estado e cada período temporal. Para fazer isso é necessário ter conhecimento extenso acerca de tais características ou utilizar alguma das ferramentas oferecidas por empresas especializadas, que, utilizando bases de conhecimento (oriundas de trabalhos de campo, colaboração de especialistas e peritos e informações dos diversos institutos de identificação), permitem verificar se as características do documento em análise correspondem às que deveriam ser para um documento daquele estado e período de emissão. Um de tais sistemas é o IdBra, cujas características são descritas no site <http://www.idbra.com.br>.

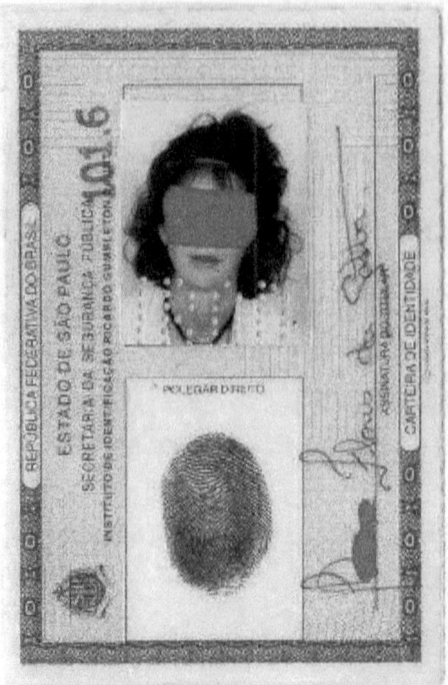

Neste exemplo, a falsidade do documento (mesmo em formato digital) pode ser verificada por vários detalhes de sua formatação e informações nele contidas.
Por exemplo, a ausência do dígito no número do documento (que nos RGs de São Paulo, deste período, sempre existe), a naturalidade "SAO PAULO-SP" que deveria ser "S.PAULO -SP" (ou seja, com um espaço depois do "S.PAULO" e antes do tracinho), entre diversos outros erros de formatação e informações contidas no documento.

1.6.2. Carteira Nacional de Habilitação (CNH)

A CNH pode ser considerada, até o presente momento, o melhor documento de identidade de grande difusão no Brasil. O último modelo (2017) possui diversos elementos de segurança que permitem uma validação consistente, na maioria dos casos, com o uso de equipamentos relativamente modestos. Os principais são:

1. **Foto do motorista:** colorida e impressa por sistema de não impacto, sem relevo, com alta definição. No fundo da fotografia a imagem do portador é mesclada por meio de "escâneres" onde se pode ler a expressão "Carteira Nacional de Habilitação".
2. **Impressão de dados do motorista:** não é feita por impressão de impacto, ou seja, não é sentida pelo tato e é efetuada em duas cores, preto e vermelho.
3. **Delacrome:** é uma película plástica existente em uma única face da CNH que protege os dados impressos.
4. **Fios em negrito:** presentes na tarja lateral da face frontal da CNH, inseridos em relevo e dessa forma passíveis de verificação a olho nu ou tato.
5. **Talho-Doce positivo:** impressão em relevo (calcografia) em vários pontos da CNH, dentre eles o Brasão da República e o texto "República Federativa do Brasil".
6. Códigos numéricos de validação.
9. O papel onde é confeccionada apresenta marca d'água impressa com a imagem da bandeira do Brasil e o logotipo do Denatran (Departamento Nacional de Trânsito).
10. Faixa holográfica bidimensional, parecida com aquela da antiga nota de vinte reais.
11. Elementos adicionais, como tinta de variação óptica e registro coincidente, escritos com tinta fluorescente em luz UV, fundo numismático etc.

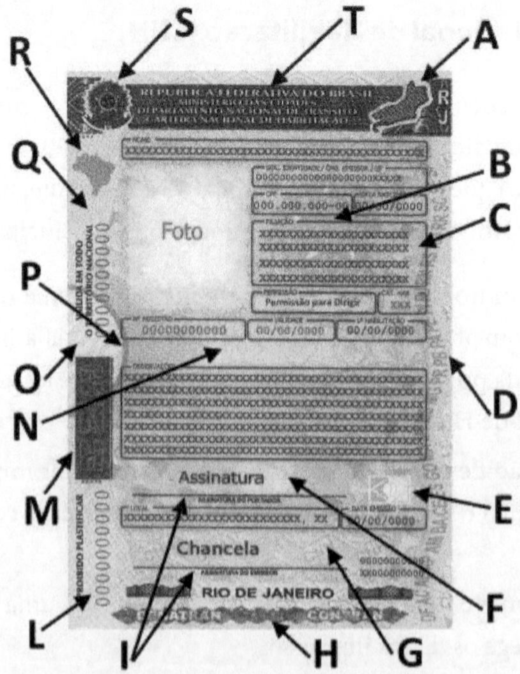

Fonte: Detran-RJ

A – *Mapa e sigla do estado em calcografia*

B – *Fundo numismático com brasão da República e efeito íris*

C – *Tarja geométrica positiva e distorcida*

D – *Sigla do estado em tinta fluorescente sob UV*

E – *Registro coincidente*

F – *Fundo numismático com mapa do Brasil, micro letras e efeito íris*

G – *Papel de segurança com marca d'água "DENATRAN"*

H – *Faixa holográfica bidimensional com a escrita CNH*

I – *Fio de micro letras positivas com falha técnica em calcografia*

L – *Numeração tipográfica com fluorescência sob UV*

M – *Guilhoche negativo com imagem latente, micro letras em calcografia*

N – *Rosácea positiva com micro letras negativas*

O – *Micro letras positivas com falha técnica*

P – *Tinta prata com fluorescência sob UV*

Q – *Fundo geométrico positivo*

R – *Mapa do Brasil em tinta de variação óptica*

S – *Brasão da República em calcografia*

T – *Fundo geométrico positivo com textos, micro letras positivas e negativas com falha técnica em calcografia.*

1.6.3. Registro Nacional de Estrangeiro (RNE)

O Registro Nacional de Estrangeiro é o documento que os estrangeiros legalmente residentes no país recebem, no lugar do RG, para se identificarem. Tem data de validade expressa, que varia dependendo do tipo de residência (permanente, temporária etc.) e das motivações da residência, sendo que, no máximo, pode ter validade de dez anos.

Incorpora elementos de segurança no suporte da plastificação, contendo holografias e outros recursos.

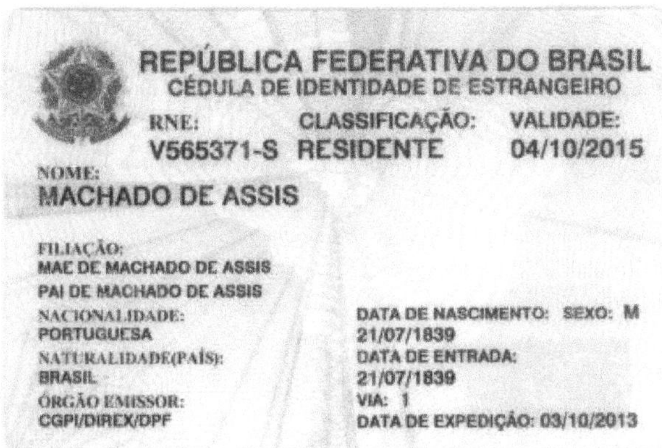

Fonte: Ministério da Justiça

1.6.4. Certidões de cartório

Estaremos aqui tratando somente das novas certidões cartoriais de registro civil (nascimento, casamento, óbito...). Antes da criação de um modelo uniforme, pelo Decreto nº 6.828/2009 (sucessivamente substituído pelo Decreto nº 7.231/2010, regulamentado pela Portaria Interministerial SEDH/MJ nº 1537 de 03 de setembro de 2014), cada cartório usava um modelo próprio, muitas vezes sem qualquer efetivo elemento de segurança, o que tornava muito difícil a validação de documentos e certidões notariais.

O novo modelo unificado, que estabelece um padrão para todos os cartórios do Brasil, tem, entre outras, as seguintes características de segurança:

- Marca d'água.
- Fibras coloridas incorporadas ao papel.
- Holograma de segurança no formato do mapa do Brasil.
- Fundo numismático, com trama anticópia e texto oculto.
- Impressão (logomarca) e fibras reagentes à luz UV.
- Microtextos nas bordas.
- Tinta com variação óptica (OVI).
- Tinta reagente para casos de tentativa de violação química.

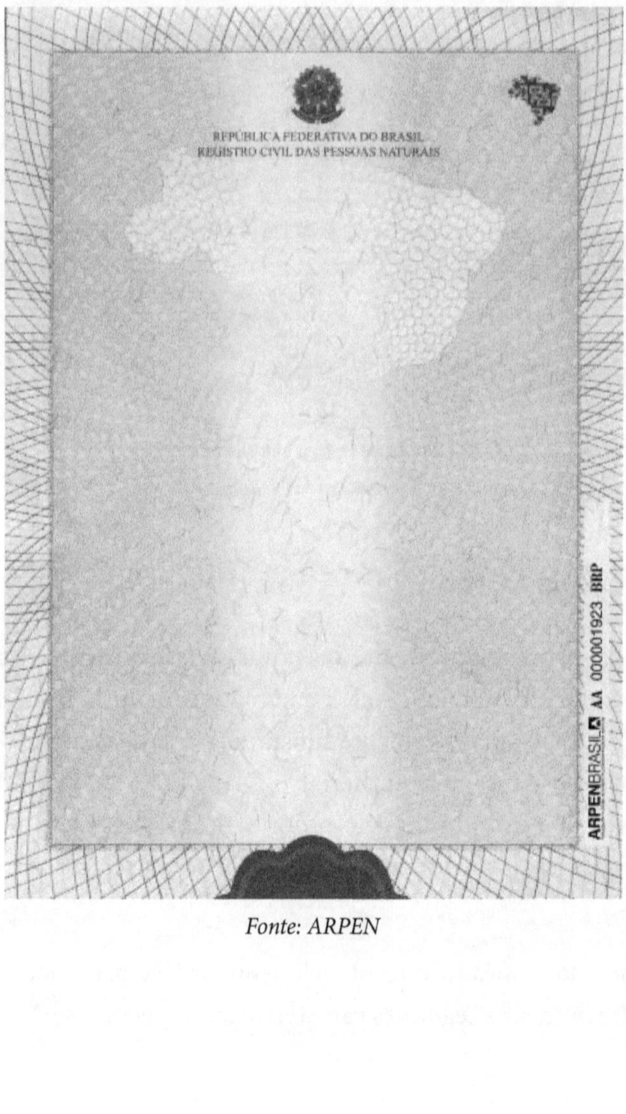

Fonte: ARPEN

Detalhe, com grande aumento, do microtexto presente na borda das novas certidões.

COMPOSIÇÂO DA MATRÍCULA

00000	00	00	0000	0	00000	000	0000000	00
1	*2*	*3*	*4*	*5*	*6*	*7*	*8*	*9*

1 - Código Nacional da Serventia (atribuído pelo CNJ)
2 - Código do Acervo (01=Próprio 02=Incorporado até 2009)
3 - Código do Serviço de Registro Civil (55)
4 - Ano do registro do qual se extrai a certidão
5 - Tipo do Livro de Registro (1=Nasc. 2=Casam. 4=Óbito...)
6 - Número do Livro
7 - Número da Folha do Registro
8 - Número do Termo na Folha em que foi iniciado o Registro
9 - Dígito Verificador

A matrícula única, hoje utilizada para todas as certidões desse tipo, além de uniformizar tais documentos, permite certo grau de simples validação. Por exemplo, uma certidão de nascimento que, no 14º algarismo de sua matrícula, tiver o número 2 (relativo a certidões de casamento) será certamente falsa.

Oportuno mencionar que outros tipos de documentos notariais (procurações, atas etc.) não possuem ainda um modelo unificado nacionalmente, sendo, normalmente, impressos em modelos padronizados em nível estadual, para cada tipo de documento.

1.6.5. Certidões judiciárias

O judiciário emite diversos tipos de documentos. Alguns não têm qualquer elemento de segurança (ou seja, somente podem ser validados diretamente no tribunal competente, verificando a veridicidade de tal certificado), outros podem ter elementos de segurança de diversos tipos, inclusive selos. Hoje em dia, os documentos emitidos digitalmente por diversos tribunais têm como elemento de segurança um código de validação *on-line*. Este não é um elemento de segurança física, ou seja, não permite validar o documento como suporte físico, mas permite validar seu conteúdo (ou seja, sua veracidade ideológica) de forma rápida e ágil, confirmando ou não, para os efeitos práticos, a validade do documento.

Importante, nesse caso, atentar para o efetivo conteúdo da certidão verificada, pois já se encontraram casos nos quais um documento falso trazia um código de verificação verdadeiro, mas relativo a outro documento. Verificando superficialmente a mera existência do código de validação aceito pelo sistema, era possível não detectar a falsificação.

1.6.6. Cédulas de Real

Mencionaremos somente as novas cédulas de Real, as quais contêm diversos elementos de segurança de alto nível (em grande parte ausentes nas notas da série antiga). Como nos demais documentos que contêm elementos físicos de segurança, a validação de uma simples cópia é sempre complexa e muito incerta, dependendo de vários fatores, tais como a qualidade da cópia, a visibilidade de detalhes etc.

A seguir, os excelentes e exaustivos quadros ilustrativos oficiais, fornecidos pelo Banco Central, sobre as características de segurança da nova série de cédulas de Real:

APRENDA A IDENTIFICAR
SE O SEU DINHEIRO É REAL.
10
10 REAIS
DEZ REAIS
20
20 REAIS
VINTE REAIS
50
50 REAIS
CINQUENTA REAIS
100
100 REAIS
CEM REAIS

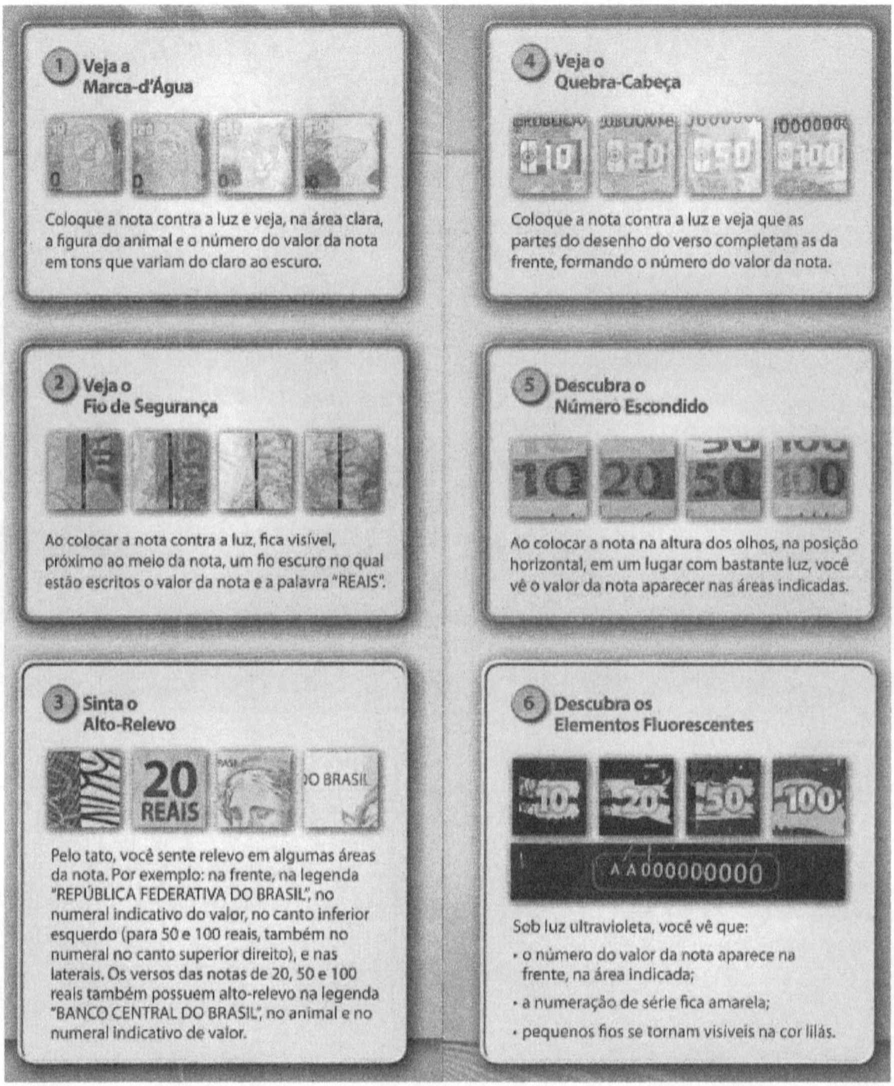
1 Veja a Marca-d'Água
Coloque a nota contra a luz e veja, na área clara, a figura do animal e o número do valor da nota em tons que variam do claro ao escuro.
2 Veja o Fio de Segurança
Ao colocar a nota contra a luz, fica visível, próximo ao meio da nota, um fio escuro no qual estão escritos o valor da nota e a palavra "REAIS".
3 Sinta o Alto-Relevo
20 REAIS
O BRASIL
Pelo tato, você sente relevo em algumas áreas da nota. Por exemplo: na frente, na legenda "REPÚBLICA FEDERATIVA DO BRASIL", no numeral indicativo do valor, no canto inferior esquerdo (para 50 e 100 reais, também no numeral no canto superior direito), e nas laterais. Os versos das notas de 20, 50 e 100 reais também possuem alto-relevo na legenda "BANCO CENTRAL DO BRASIL", no animal e no numeral indicativo de valor.
4 Veja o Quebra-Cabeça
Coloque a nota contra a luz e veja que as partes do desenho do verso completam as da frente, formando o número do valor da nota.
5 Descubra o Número Escondido
10
20
50
Ao colocar a nota na altura dos olhos, na posição horizontal, em um lugar com bastante luz, você vê o valor da nota aparecer nas áreas indicadas.
6 Descubra os Elementos Fluorescentes
10
20
50
100
A A 000000000
Sob luz ultravioleta, você vê que:
• o número do valor da nota aparece na frente, na área indicada;
• a numeração de série fica amarela;
• pequenos fios se tornam visíveis na cor lilás.

Fonte: Banco Central do Brasil

1.7. O código de rastreamento de impressoras

Poucos sabem da existência de um código oculto nas impressões ou cópias realizadas através de diversos modelos (não todos) de impressoras e copiadoras baseadas na tecnologia laser colorida. O nome técnico desse sistema de codificação oculta é "esteganografia de impressoras". Este código é impresso na forma de minúsculos pontinhos amarelos, indetectáveis a olho nu, e representa, normalmente, data e hora da impressão e o código serial da impressora utilizada para realizar a impressão.

O código oculto é impresso somente quando é utilizada a modalidade de impressão "colorida" e não aparece nas impressões ou cópias realizadas na modalidade "preto e branco".

Esse código foi detectado há diversos anos e divulgado por uma organização norte-americana chamada EFF (*Electronic Frontier Foundation*). De acordo com diversas fontes, a criação desse sistema foi resultado de uma espécie de acordo entre os maiores produtores de impressoras do mundo e o governo dos EUA, que queria um meio para rastrear determinados tipos de documento.

Os pontinhos podem ser mais bem visualizados iluminando o documento com uma luz azul latente ou, em alternativa, escaneando o documento em cores e alta resolução (a partir de 600 dpi ópticos) e depois aplicando filtros digitais que evidenciem o "canal azul" da imagem, no qual os pontos são mais visíveis. Em ambos os casos é normalmente necessário aumentar a imagem (através de uma lupa ou de aumento digital), pois se trata de pontos muito pequenos.

Alguns desses códigos já foram decifrados e podem ser utilizados, outros ainda não, mas mesmo assim podem ser úteis para identificar documentos que tenham saído de determinadas impressoras. Há pesquisas e desenvolvimentos constantes sobre o assunto.

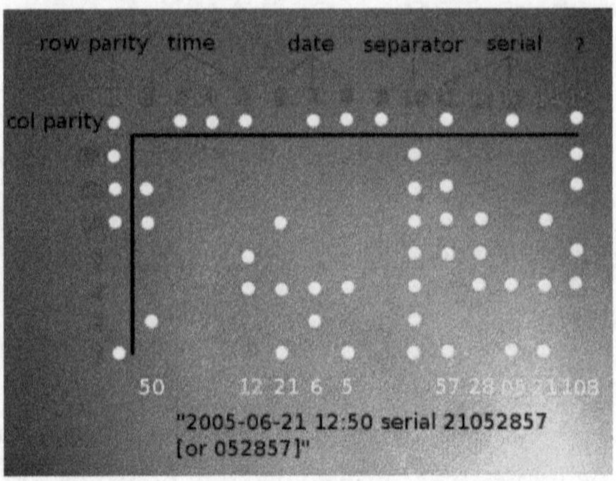

Fonte: EFF

Mesmo nos casos em que não seja possível decodificar esse código, ele pode ter uma utilidade para finalidades periciais. Por exemplo, se em dois documentos aparecer exatamente o mesmo código, será possível dizer que foram impressos pela mesma impressora e muito provavelmente na mesma data e horário, ou, ainda, que um seja a cópia do outro, informações estas que podem ser bastante valiosas.

Informações mais aprofundadas e atualizadas sobre esses códigos, incluindo listas de impressoras que usam esse sistema, podem ser encontradas no site da própria EFF (<https://w2.eff.org/Privacy/printers/>).

2
Falsificação por Alteração ou Montagem Digital de Documentos

Existem várias e diferentes situações e modalidades para a falsificação de documentos através de alteração ou montagem digital.

Por montagem digital se entende, normalmente, a criação de um documento falso contendo as características e informações de interesse do falsário, através do uso de equipamentos informáticos (computadores, escâneres, impressoras, copiadoras etc.) e softwares de várias naturezas (programas gráficos ou de edição de imagens, programas de edição de textos etc.).

Há duas modalidades fundamentais de falsificação desse tipo:

1. Alteração de um documento autêntico, utilizado como base, alterando somente as partes de interesse (normalmente algum texto ou outros detalhes como datas, valores ou nomes).
2. Formação de um novo documento, muitas vezes através da união de alguns elementos extraídos de documentos autênticos (por exemplo, uma assinatura, carimbo ou autenticação) e de outros elementos criados "ad hoc" através dos mencionados meios digitais.

A título de simples menção, alguns dos programas mais utilizados para esses fins são:

- **MS Word (Microsoft)** - Programa de edição de textos mais difundido no mundo.
- **LibreOffice Write & Draw (Document Foundation)** - Programas gratuitos de edição de textos e edição gráfica.
- **Photoshop (Adobe)** - Poderoso programa gráfico e de edição de imagens.
- **CorelDraw (Corel)** - Outro poderoso programa gráfico e de edição de imagens.
- **Paint.net (DotPDN)** - Programa gráfico gratuito com muitos recursos e extensões.

É relevante salientar que os falsários costumam realizar suas falsificações digitais a partir de um ou mais documentos originais, dos quais são extraídos elementos e partes de interesse para a montagem do falso (o qual poderá, obviamente, conter também elementos e partes criadas "ex novo", especialmente para a falsificação).

Isso quer dizer que, quando possível, é sempre importante, para fins da averiguação do documento suspeito, verificar se os eventuais sujeitos suspeitos de falsificação têm ou tiveram acesso a documentos originais que possam ter sido usados para a montagem e quais documentos seriam esses. Ademais, sempre que possível, será muito importante também obter uma boa cópia de tais documentos originais para fins de comparação de seus elementos com os elementos presentes no documento sob análise.

Outro fator importante é, obviamente, a competência do falsário. O que se encontra em grande parte dos casos são falsificações pouco sofisticadas, indicando que se trata de tentativas "caseiras", realizadas por não profissionais e que, para não serem detectadas, contam, sobretudo, com a escassa atenção que muitas vezes é dada a documentos em formato digital por parte de quem os recebe ou visualiza.

É relativamente raro encontrar documentos digitais falsificados de forma profissional, sem qualquer indício aparente de montagem ou falsificação. Dito isso, muitos documentos falsos passam despercebidos em função da disposição psicológica natural de muitas pessoas em considerar autêntico e "real" tudo que aparece na forma impressa ou escrita. Já os antigos romanos diziam "Verba volant, scripta manent" para indicar que o que está escrito é algo consistente. O ser humano, em geral, gosta de segurança e certezas. A existência de um documento escrito é um dos fatores que o homem moderno, instintivamente, considera relevante para sentir tal segurança. Por consequência, as pessoas estão naturalmente dispostas a acreditar em qualquer coisa que apareça na forma de documento escrito.

Por fim, vale observar que um dos fatores aproveitados por falsários (e fraudadores em geral) é a comum "assimetria epistêmica", ou seja, a diferença de conhecimento, inclusive técnico e específico, entre os próprios falsários e a enorme maioria dos possíveis destinatários dos documentos falsificados. Isso gera uma espécie de "vantagem oculta" em favor dos falsários, por estes terem maior e melhor conhecimento da existência de determinadas características dos documentos e técnicas para falsificá-los.

2.1. Modalidades e procedimentos de falsificação

Trataremos aqui dos diversos tipos de montagens ou alterações de documentos. Antes de tratar dos procedimentos para detecção e comprovação de montagens ou alterações, é oportuno descrever, em geral, como os falsários costumam proceder para a realização das alterações ou montagens que resultam em documentos falsificados.

Um dos pontos de partida da grande maioria das montagens digitais é a existência de alguns elementos e informações a serem extraídos de documentos originais e autênticos que estejam disponíveis para os falsários, para sucessivo uso e aproveitamento no falso documento a ser montado. Em alguns casos o documento original deverá ficar majoritariamente intacto, salvo alguns pontos que serão alterados ou substituídos por partes montadas.

Para tanto, o documento original do qual extrair os elementos deverá, primordialmente, ser transformado em imagem (a menos que já esteja nesse formato). Isso é normalmente feito através do já mencionado "escâner", um equipamento cuja função é realizar uma leitura gráfica digital de um documento qualquer (texto, desenho, imagem, foto ou qualquer combinação destes) e converter esse documento em imagem. O escâner pode realizar sua tarefa em documentos coloridos ou preto e branco e pode, ainda, ser configurada a qualidade, ou definição, da conversão do documento em imagem (com maior ou menor detalhamento e precisão), normalmente definida pela unidade dpi (*dots per inch*, ou pontos por polegada). Quanto mais dpi, maiores serão a definição e a qualidade da imagem que representa o documento convertido digitalmente.

Dependendo do tipo de documento original, a conversão em imagem pode também ser realizada através de captura diretamente na tela de um computador (caso de um e-mail, cuja "imagem" pode ser capturada diretamente na tela do computador) ou ainda por meio de programas específicos, que convertem em imagens digitais conteúdos ou documentos que já se encontram em formato digital, mas não como imagens (por exemplo, documentos de Word, PDF etc.).

Importante observar que a montagem ou alteração do documento pode dizer respeito a uma parte muito grande dele, assim como pode dizer respeito a partes pequenas que serão alteradas no documento montado, mantendo intacta grande parte do documento original. Este último é, por exemplo, o caso de montagem de cópias de documentos de identidade onde se queira alterar somente a data de nascimento ou algum nome ou outros dados, ou, ainda, somente remover uma assinatura ou uma fotografia para colocar uma nova (trocar a assinatura de um RG pode servir, por exemplo, para tentar provar que uma outra assinatura em um contrato não é autêntica).

Serão sucessivamente preparados os elementos novos (falsos) a serem utilizados na montagem do documento. Tais elementos podem ser criados "ex novo", extraídos de outros documentos ou outras fontes ou ainda extraídos e montados a partir do documento original (por exemplo, algarismos ou letras), na chamada "automontagem".

Para esse fim podem ser usados diversos recursos, como programas de edição de texto (por exemplo, para escrever um contrato "ex novo", acrescentando os elementos originais descritos anteriormente, como assinaturas, rubricas, anotações, datas, carimbos digitalizados etc.), softwares gráficos (para criar logotipos, imagens ou outros elementos), escâneres (para obter elementos de outros documentos), câmeras fotográficas etc.

Por fim, são realizadas as alterações ou montagens, aproveitando todos os elementos previamente preparados e extraídos, tendo como resultado final o documento falsificado com as características e conteúdos desejados.

A montagem final de um documento falsificado requer normalmente o uso de softwares gráficos ou de edição (como o MS Word, Photoshop etc.).

O produto final será apresentado em formato digital, sendo os mais comuns o JPG (imagem comprimida no algoritmo JPEG) e o PDF (formato para documentos criado pela empresa Adobe, hoje um padrão, inclusive nos processos eletrônicos).

A seguir, um simples exemplo com a reprodução das principais etapas de montagem de um documento falsificado.

1. Um documento original (comprovante de endereço) é escaneado para fornecer uma base (foram encobertos dados pessoais por sigilo).

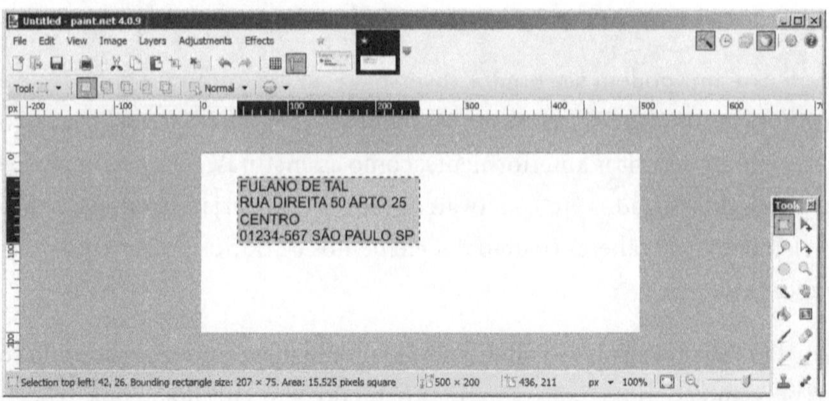

2. Usando um programa gráfico, é criado o texto que substituirá o original na montagem do documento falsificado (no caso, nome e endereço para criar um comprovante de endereço).

3. O texto criado é inserido na imagem escaneada, em substituição do original, completando, assim, a montagem.

4. O documento final, falsificado por montagem, é apresentado como verdadeiro (em formato digital ou impresso, como se fosse cópia do original).

Nesses casos, com frequência, é possível encontrar pequenas imperfeições na montagem em relação ao original. Casos típicos são fontes diferentes, tamanhos diferentes, pequenos desalinhamentos (tanto verticais quanto horizontais, inclusive devido à imagem escaneada original, que pode não ser perfeitamente enquadrada), erros nos formatos (por exemplo, o "SÃO PAULO" com til, enquanto no original não há o til), sinais de sobreposição (diferença no tom do fundo), definição diferente etc.

Oportuno observar que alguns casos de montagem podem ocorrer sem conversão de elementos para o formato imagem, mas aproveitando simples funções de edição de programas, como, por exemplo, o Word (para documentos em formato DOC ou DOCX) ou Adobe Acrobat (para documentos em formato PDF).

Importante também observar que a falsificação de um documento pode se dar pela simples remoção ou cancelamento de elementos ou partes do documento original, sem que sejam introduzidos elementos novos. A remoção digital é algo bastante fácil de se realizar e, quando bem-feita, pode ser difícil de detectar.

2.2. Métodos e procedimentos para detecção de montagens

Primeiramente é importante saber qual é o material à disposição para análise, pois diferentes materiais podem ser analisados de formas diferentes. Por exemplo, se o documento sob perícia for uma imagem, ter acesso à imagem digital original permite realizar análises que não são possíveis tendo acesso somente a uma versão impressa ou, ainda, a uma versão digitalizada, mas não original (compactada, reescaneada, reduzida, recortada etc.). Evidentemente, quanto mais "original" for o documento, mais consistente e viável será a análise.

Uma das mais importantes modalidades de detecção consiste, muito simplesmente, em prestar grande atenção a pequenos detalhes da formatação do documento, que podem indicar anomalias. Isso é ainda mais importante quando se tem acesso, para fins de comparação, a documentos da mesma natureza daquele sob perícia e que sejam comprovadamente autênticos. Uma comparação minuciosa, ponto a ponto, com olho crítico, é uma ferramenta poderosa e certamente o primeiro passo a ser realizado.

Especial atenção deve ser dada às partes do documento cuja falsificação poderia ser de interesse do falsário (uma data, se o documento servir pra comprovar uma data certa, uma assinatura, os algarismos de um valor, se for um recibo etc.), isso sem perder de vista o documento como um todo e sua **consistência lógica** e geral.

Em se tratando de imagens originais, a montagem pode, muitas vezes, ser detectada através de uma ampliação da imagem e de um detalhado exame *pixel* a *pixel*, para detectar anomalias que indiquem a inserção de uma imagem "por cima" do original, ou seja, uma montagem.

Se existirem pontos suspeitos de montagem, podem ainda ser analisadas semelhanças desses pontos com outras partes da imagem para verificar se ocorreu uma automontagem, ou seja, o aproveitamento de outras partes da imagem original para realizar as alterações. Este é, por exemplo, o caso de alterações nas datas ou números de documentos de várias naturezas (contratos, comprovantes, documentos de identidade, recibos, formulários, cheques etc.), onde algarismos são copiados de uma parte do documento e colocados em outra parte, no lugar de outros algarismos, para formar números (ou valores) diferentes dos originais.

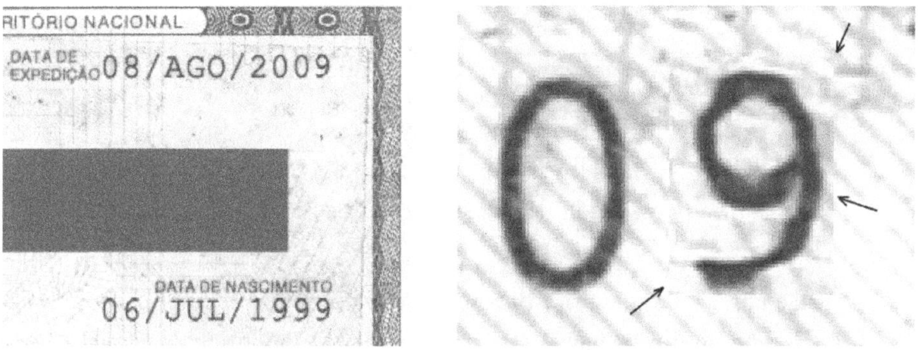

Aqui, os últimos dois algarismos do 2009 na data de expedição, com grande aumento. Evidentemente, o algarismo "9" foi objeto de automontagem usando um dos algarismos "9" presentes na data de nascimento. Isso dificilmente pode ser detectado a olho nu na primeira imagem.

Quando isso não for possível, ou quando o documento estiver disponível somente na forma impressa, teremos que nos basear em outros elementos para tentar detectar indícios de falsidade. Dependendo da qualidade da impressão, pode ainda ser possível identificar partes onde foi realizada uma automontagem, ou seja, alterações da imagem original através de enxertos extraídos da própria imagem (como no caso, já mencionado, dos números e datas). Para isso será necessário ter fotos e imagens escaneadas, em alta resolução, a serem analisadas com atenção, *pixel* a *pixel*.

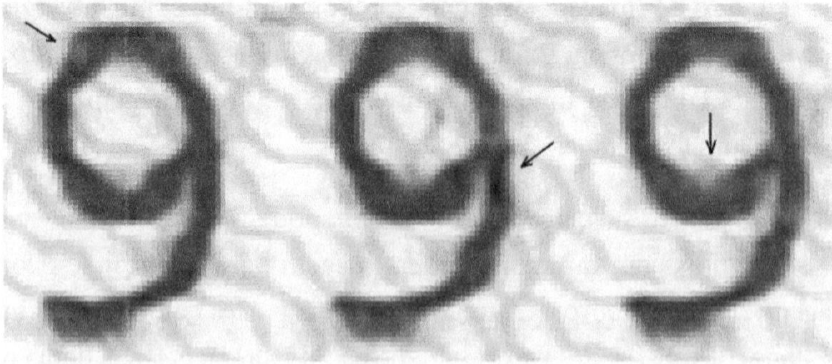

Ainda usando a imagem digitalizada do RG anterior, pode-se observar que mesmo os três algarismos "9" na data de nascimento, quando digitalizados do original, não são idênticos uns aos outros. Aquele usado na falsificação por automontagem é, evidentemente, o último dos três, à direita.

Outros elementos a serem considerados e observados com atenção, para identificar eventuais falsificações, são:

- A fonte/tipo dos caracteres utilizados (que, em condições normais, deverá ser homogênea).
- O tamanho dos caracteres.
- Os alinhamentos, ângulos e espaçamentos tanto horizontais quanto verticais.
- Detalhes que possam indicar remoção digital de elementos (mudança de padrão do fundo, partes faltantes, pequenos sinais deixados para trás etc.).
- A cor e tonalidade dos caracteres.
- A definição dos caracteres (lembrando que um texto "novo" colado em um texto escaneado terá uma definição e qualidade diferentes).
- A espessura dos traços, linhas ou caracteres.
- Diferenças nos formatos, em relação ao original (por exemplo, uso de acentos, separadores, espaços etc.).
- Erros (lógicos, formais etc.) no conteúdo do documento. Por exemplo, colocar a suposta assinatura de alguém (copiada digitalmente), mas esquecer de corrigir o CPF da pessoa. Ou modificar números de uma coluna de cálculos e esquecer de atualizar o total. Ou deixar a data de maio em um suposto extrato de junho...

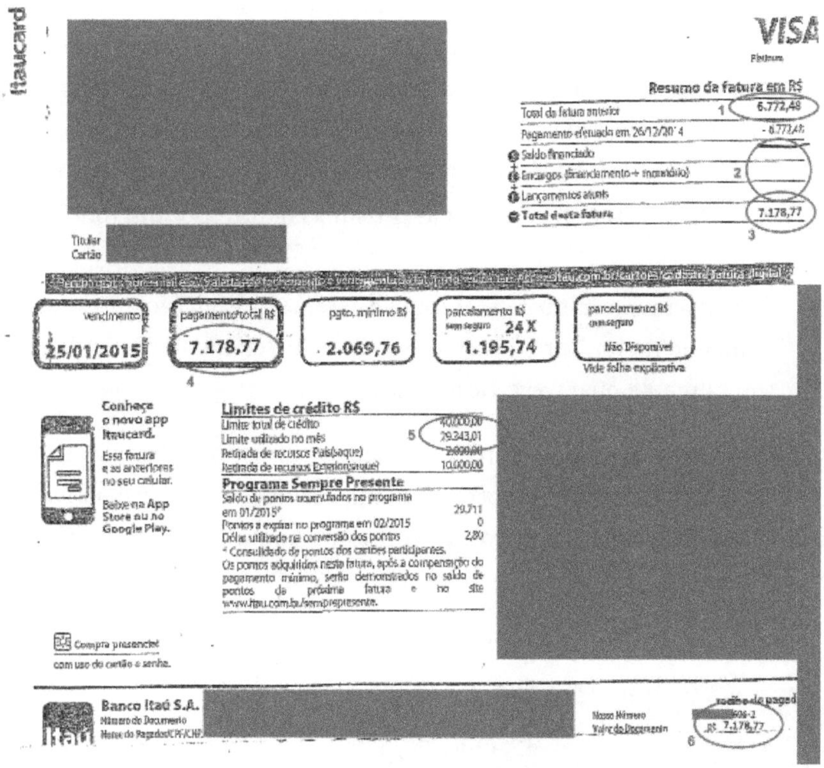

Fig. Extrato 01

Neste exemplo (documento real, apresentado num processo eletrônico) há diversos elementos que, em conjunto, são suficientes para afirmar de forma conclusiva que se trata de um documento falso (alterado digitalmente), mesmo sem ter o original:

1. O número tem fonte diferente dos demais, maior, em negrito, e não é corretamente alinhado tanto horizontalmente quanto verticalmente.
2. Foram removidos digitalmente os valores que aí deveriam aparecer, mesmo que representados por zeros.
3. O número tem fonte diferente (observar o algarismo 1 diferente) em relação ao resto do grupo, tamanho maior, cor mais escura e não é corretamente alinhado tanto horizontalmente quanto verticalmente.
4. O número tem fonte diferente (observar o 1 diferente e a vírgula) em relação ao resto da linha, tamanho levemente menor, cor mais escura (o que evidencia que foi adicionado sucessivamente ao escaneamento) e não é corretamente alinhado tanto horizontalmente quanto verticalmente.

5. Erro lógico. Os falsários esqueceram de considerar que, em um extrato em que, supostamente, a fatura anterior não trazia dívidas anteriores (saldos financiados) e foi integralmente paga (ver ponto 1), e a fatura em foco tem valor de R$ 7.178,88, não é possível que o limite utilizado no mês seja de R$ 29.343,01 (observe-se que no restante da fatura constavam compras parceladas a serem lançada nas próximas faturas por um total de quase R$ 3.200).
6. Novamente, o número tem fonte diferente em relação ao resto do grupo, tamanho maior, cor mais escura e não é corretamente alinhado tanto horizontalmente quanto verticalmente.

Oportuno lembrar que a comparação com documentos originais que sejam certamente autênticos é sempre importante e útil, quando não indispensável. No caso do exemplo anterior, uma comparação com uma conta original do mesmo banco (ver exemplo na Fig. Extrato 02, a seguir) é suficiente para confirmar os pontos de falsificação já encontrados.

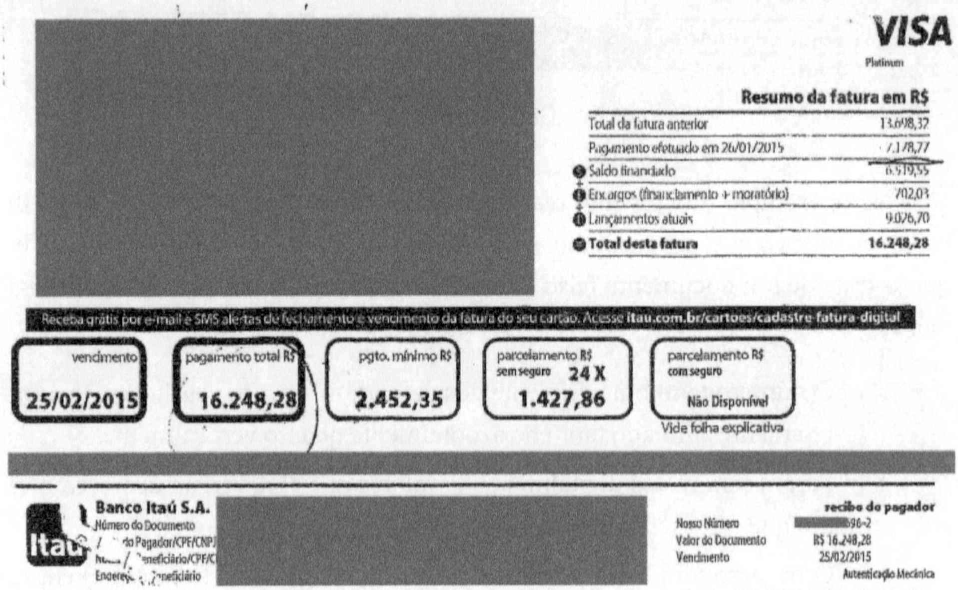
VISA
Platinum

Resumo da fatura em R$

Total da fatura anterior	13.698,32
Pagamento efetuado em 26/01/2015	7.178,77
Saldo financiado	6.519,55
Encargos (financiamento + moratório)	702,03
Lançamentos atuais	9.026,70
Total desta fatura	**16.248,28**

Receba grátis por e-mail e SMS alertas de fechamento e vencimento da fatura do seu cartão. Acesse itau.com.br/cartoes/cadastre-fatura-digital

vencimento	pagamento total R$	pgto. mínimo R$	parcelamento R$ sem seguro 24 X	parcelamento R$ com seguro
25/02/2015	16.248,28	2.452,35	1.427,86	Não Disponível

Vide folha explicativa

Banco Itaú S.A.
Número do Documento
Nome do Pagador/CPF/CNPJ
Nome do Beneficiário/CPF/CNPJ
Endereço do Beneficiário

recibo do pagador
Nosso Número ...96-2
Valor do Documento R$ 16.248,28
Vencimento 25/02/2015
Autenticação Mecânica

Fig. Extrato 02

As fontes, as dimensões, os alinhamentos (horizontais e verticais), os negritos, os dados presentes (e não em branco) etc., tudo como deveria, por lógica, ser, o que confirma as divergências e a consequente falsidade do primeiro documento (Extrato 01).

Resumidamente, um bom procedimento geral de análise preliminar de um documento em formato digital ou criado digitalmente pode ser o seguinte:

1. Identificar, no documento, áreas e elementos que pressupõem alguma homogeneidade (por exemplo: no tipo e tamanho dos caracteres, na qualidade/definição, nos alinhamentos e espaçamentos, nos ângulos das escritas e demais elementos, no fundo, na cor e tonalidade, na formatação e estrutura etc.).
2. Identificar, no conteúdo, eventuais incongruências lógicas ou falhas por falta de informação, como erros nos cálculos, ausência de elementos fundamentais, erros nas informações (por exemplo, nome de uma pessoa com CPF de outra) etc. que indiquem possível remoção de dados ou montagem com elementos externos.
3. Mapear e examinar tais áreas e elementos, evidenciando detalhadamente todas as suas características, quando necessário com o uso de equipamentos ópticos apropriados. Prestar atenção, também, a eventuais semelhanças ou repetições de elementos que indiquem montagem ou automontagem.
4. Analisar minuciosamente essas áreas e elementos, para identificar eventuais indícios ou suspeitas de alterações de homogeneidade ou divergências de padrão, tanto dentro das próprias áreas do documento sob exame quanto em relação a eventuais documentos autênticos de comparação (se disponíveis).
5. Aprofundar o exame dos eventuais pontos de divergência e falhas na homogeneidade, com o uso de todos os equipamentos apropriados (lupas e microscópio, softwares e sistemas, escâneres, câmeras etc.), para averiguar e, eventualmente, comprovar os indícios ou suspeitas apontadas.
6. Realizar uma última detalhada e atenta varredura em todo o documento usando sistemas ópticos de aumento (lupa potente, microscópio...), de forma a identificar eventuais outros sinais de adulteração que possam ter pas-

sado despercebidos. Em caso de documentos com características especiais de segurança, utilizar sistemas de iluminação apropriados (UV, IR...).

Com esse procedimento geral é possível identificar uma boa parte dos casos de montagem, falsificação ou adulteração de documentos em formato digital.

Dito isso, é bom lembrar que um pouco de flexibilidade mental e criatividade pode ser útil para detectar casos de falsificação mais elaborados. Imaginar ou entender qual poderia ser a finalidade fraudulenta de um documento falso pode permitir identificar os elementos dele que precisariam ser falsificados para o fim pretendido e, por consequência, concentrar a atenção nos indícios de uso das modalidades que, mais facilmente, poderiam ter sido utilizadas para falsificar tais elementos.

Relevante também lembrar que um documento fornecido em formato digital pode ter propositalmente uma qualidade (ou definição) baixa e/ou muitas "interferências" para esconder ou mascarar falhas relacionadas a uma falsificação ou montagem digital. É oportuno, portanto, quando deparar com um documento de baixa qualidade, atentar às reais razões para as quais o documento foi fornecido naquela qualidade e prestar uma especial atenção a detalhes que possam indicar o disfarce de uma falsificação.

2.3. Produção ou criação *ex novo* de elementos da falsificação

Assim como uma montagem pode conter elementos extraídos de outros documentos, e, eventualmente, sucessivamente elaborados ou alterados, outros elementos utilizados em uma montagem ou falsificação podem simplesmente ser produzidos ou criados "ex novo", exclusivamente para uso e aproveitamento em determinado documento falso.

Para esse fim serão normalmente usados os normais softwares de edição de texto ou, ainda, softwares gráficos. Ocasionalmente, esses elementos poderão ser criados a partir de outros elementos extraídos de outras fontes, através de relevantes elaborações, alterações e/ou adições (por exemplo, um carimbo, uma assinatura ou uma "autenticação").

É normalmente possível identificar esse tipo de novo elemento em função de sua qualidade e definição serem, com frequência, superiores quando comparados com as partes do documento originadas por escaneamento. Afinal, esses elementos, na maioria dos casos, não terão passado por um processo de escaneamento ou cópia, mas serão "originais" em sua primeira reprodução - e, portanto, com qualidade e definição ainda não corrompidas.

Mesmo que tenham passado por processo de escaneamento (como no caso de elementos extraídos "parcialmente" de outros documentos), esses elementos "ex novo" poderão ter qualidade diferente dos demais em função da qualidade do original, das vezes que o documento do qual foram extraídos passou por processo de cópia ou escaneamento, da definição/qualidade com a qual foram escaneados e de outros fatores.

Na figura anterior (Fig. Extrato 01), por exemplo, o elemento evidenciado com o número 4 é claramente um elemento criado "ex novo" para a montagem. Tem uma definição patentemente superior àquela do resto do documento no qual foi introduzido, além de (neste caso) ter outras relevantes diferenças e não estar alinhado corretamente.

Em se tratando de texto, assim como em casos anteriores, diversos detalhes podem denunciar a falsidade do novo elemento. Entre eles, podemos mencionar:

- Tipo, tamanho e espessura da fonte.
- Espaçamento horizontal e vertical.
- Integração no documento (alinhamentos, homogeneidade...).
- Qualidade e definição em relação ao resto.
- Sinais de montagem (restos de imagens, sinais de cortes, fundo etc.).

A atenção aos detalhes, como sempre, permitirá detectar eventuais incongruências que denunciem se tratar de novo elemento introduzido digitalmente no documento montado.

O falsário que estiver criando elementos "ex novo", dentro de suas capacidades, tentará fazer com que esses elementos se pareçam ao máximo, no formato e nos demais detalhes, com o que deveriam ser se fossem autênticos. Dependendo de sua competência, este tentará utilizar fontes iguais ou muito parecidas às originais, comporá escritas a partir de amostras autênticas e tentará manter alinhamentos e fundo os mais próximos possíveis do original. Obviamente, quanto mais competente, mais próxima a falsificação será do que seria um eventual documento original, e mais difícil a detecção da falsidade.

Mesmo assim, considerando a grande variedade de fatores e elementos em jogo, é improvável que o falsário consiga evitar qualquer pequeno deslize e detalhe e que consiga reproduzir de forma perfeita o que deveria ser o original (fontes, espaçamentos, alinhamentos etc.).

Esses pequenos deslizes, detalhes e diferenças são as armas de quem tiver que detectar e comprovar falsificações.

2.4. E-mails e mensagens eletrônicas falsificadas

É muito comum, nos dias de hoje, a utilização de e-mails recebidos ou enviados como documentos para comprovar relações contratuais, dívidas ou créditos, participações societárias e afins, posse de bens, pagamentos e recebimentos e toda uma ampla gama de outras situações ou relações.

Como lógica e automática consequência, a falsificação de e-mails passou a assumir uma importância relevante e foram desenvolvidas modalidades específicas para esse fim.

Ao deparar com um e-mail suspeito de falsificação, uma das primeiras atitudes é solicitar uma cópia do e-mail, completo de cabeçalhos ("headers", em língua inglesa), melhor se certificado por ata notarial, para verificar se tal e-mail foi efetivamente recebido/enviado em algum momento. O simples texto do e-mail, sem os cabeçalhos completos, é quase inútil, pois não fornece qualquer indicação segura acerca de sua verdadeira origem e destino e, por consequência, de sua autoria e veracidade geral.

Caso a ata notarial não seja fornecida, seja fornecida sem os cabeçalhos (fazendo com que seja inútil para os fins da comprovação da origem e autoria) ou não seja possível solicitar tal documento, dependendo do caso (se for processo judicial ou não), pode ainda ser solicitado que o provedor de e-mail que supostamente recebeu (ou enviou) o e-mail sob suspeita forneça os registros de envio/recebimento (chamados "logs") de seus servidores nas datas e nos horários do suposto envio (com uma margem de uma hora a mais e a menos, e prestando atenção às eventuais diferenças de fuso horário e horários legais). Um pedido dessa natureza deverá, obviamente, ser sancionado por autoridade judicial competente.

Uma das modalidades de falsificação de e-mail aparentemente mais complexas de validar é o chamado "e-mail spoofing", ou seja, o envio de um e-mail simulando como remetente um endereço qualquer (inclusive de um terceiro ou de outra parte). Isso pode fazer com que seja possível apresentar um falso e-mail realmente recebido, alegando que foi enviado por seja quem for, pois este remetente poderá comparecer no corpo do e-mail, no campo apropriado.

Essa técnica se aproveita de algumas vulnerabilidades existentes no protocolo de entrega dos e-mails (SMTP - *Simple Mail Transfer Protocol*). Diversos servidores modernos conseguem identificar um e-mail desse tipo como spam (ou seja, mensagem indesejada ou suspeita quanto à sua origem) e marcá-lo apropriadamente ou até recusar o e-mail falso, mas não são todos os servidores que fazem isso.

Existem diversos softwares e sites gratuitos na internet que permitem o envio desse tipo de e-mail.

Para comprovar a falsidade desse tipo de e-mail, o melhor sistema é, como já mencionado, ter acesso ao cabeçalho completo do e-mail, do qual se poderá deduzir o endereço IP do servidor de origem e consequentemente validar ou não tal endereço, verificando se corresponde àquele oficial (ou seja, aquele registrado no campo MX do DNS do domínio) do servidor original que deveria ter enviado tal e-mail.

Subject: Demonstração SPOOFING
From: "Barack Obama" <obama@whitehouse.gov>
Date: 19/07/2016 10:40
To: contato@deall.com.br

```
Este e-mail não me foi enviado pelo presidente Obama, mas através de um sistema de
Spoofing que permite falsificar o remetente de uma mensagem e-mail para fazer parecer
que seja quem for.
```

Neste exemplo, eu aparentemente teria recebido um e-mail do presidente Obama. Na realidade, observando com atenção o cabeçalho completo do e-mail (a seguir), pode-se ver que o servidor de origem não é o da Casa Branca (whitehouse.gov), mas, sim, um servidor desconhecido na República Tcheca (emkei.cz), que corresponde ao IP 46.167.245.116, comprovando assim a falsidade do e-mail.

Subject: Demonstração SPOOFING
From: "Barack Obama" <obama@whitehouse.gov>
Date: 19/07/2016 10:40
To: contato@deall.com.br
X-Account-Key: account15
X-UIDL: 164387
X-Mozilla-Status: 0001
X-Mozilla-Status2: 00000000
Return-Path: obama@whitehouse.gov
X-Spam-Checker-Version: SpamAssassin 3.2.3 (2007-08-08) on VPS.januagroup.com
X-Spam-Level: ***
X-Spam-Status: No, score=3.2 required=7.0 tests=BAYES_50,FH_DATE_PAST_20XX, RDNS_NONE,SPF_HELO_PASS shortcircuit=no autolearn=no version=3.2.3
Received: from emkei.cz ([46.167.245.116]) by januagroup.com ; Tue, 19 Jul 2016 10:43:15 -0300
Received: by emkei.cz (Postfix, from userid 33) id A5A91D577C; Tue, 19 Jul 2016 15:40:00 +0200 (CEST)
X-Priority: 3 (Normal)
Importance: Normal
Errors-To: obama@whitehouse.gov
Reply-To: obama@whitehouse.gov
Content-Type: text/plain; charset=utf-8
Message-ID: <20160719134000.A5A91D577C@emkei.cz>
X-hMailServer-LoopCount: 1

```
Este e-mail não me foi enviado pelo presidente Obama, mas através de um sistema de
Spoofing que permite falsificar o remetente de uma mensagem e-mail para fazer parecer
que seja quem for.
```

Não sendo disponível o acesso ao cabeçalho completo do e-mail sob suspeita (por ata notarial ou de outra forma razoavelmente segura), pode-se tentar ter acesso aos *logs* (registros) dos servidores SMTP de envio e/ou recebimento da mensagem. Normalmente, é suficiente ter acesso ao *log* de um dos dois servidores SMTP (o de origem ou o de destino), o que pode ser solicitado aos seus administradores, explicando as finalidades da análise ou através de ordem judicial, se necessário.

```
"TCPIP" 2832  "2016-07-19 10:43:13.018"        "TCPConnection - Posting AcceptEx on 173.248.189.56:25"
"SMTPD" 2832  21217 "2016-07-19 10:43:13.033"  "46.167.245.116"  "SENT: 220 januagroup.com - Welcome to Janua Group SMTP server
"SMTPD" 2952  21217 "2016-07-19 10:43:13.237"  "46.167.245.116"  "RECEIVED: EHLO emkei.cz"
"SMTPD" 2952  21217 "2016-07-19 10:43:13.237"  "46.167.245.116"  "SENT: 250-januagroup.com[nl]250-SIZE 40960000[nl]250 AUTH LOGIN"
"SMTPD" 2868  21217 "2016-07-19 10:43:13.393"  "46.167.245.116"  "RECEIVED: MAIL FROM:<obama@whitehouse.gov>"
"SMTPD" 2868  21217 "2016-07-19 10:43:14.283"  "46.167.245.116"  "SENT: 250 OK"
"SMTPD" 2952  21217 "2016-07-19 10:43:14.627"  "46.167.245.116"  "RECEIVED: RCPT TO:<contato@deall.com.br>"
"TCPIP" 2952  "2016-07-19 10:43:15.283"        "DNS - MX Lookup: whitehouse.gov"
"TCPIP" 2952  "2016-07-19 10:43:15.471"        "DNS - MX Result: 9 IP addresses were found."
"SMTPD" 2952  21217 "2016-07-19 10:43:15.487"  "46.167.245.116"  "SENT: 250 OK"
"SMTPD" 2880  21217 "2016-07-19 10:43:15.627"  "46.167.245.116"  "RECEIVED: DATA"
"SMTPD" 2880  21217 "2016-07-19 10:43:15.643"  "46.167.245.116"  "SENT: 354 OK, send."
"SMTPD" 3048  21217 "2016-07-19 10:43:17.018"  "46.167.245.116"  "SENT: 250 Queued (1.344 seconds)"
"SMTPD" 2872  21217 "2016-07-19 10:43:17.174"  "46.167.245.116"  "RECEIVED: QUIT"
"SMTPD" 2872  21217 "2016-07-19 10:43:17.174"  "46.167.245.116"  "SENT: 221 goodbye"
```

O *log* é algo parecido com a imagem anterior (no caso, este é o *log* do servidor de destino, que recebeu o falso e-mail aparentemente enviado pelo presidente Obama).

Cada servidor tem seu formato para o *log*, mas todos costumam reportar os principais dados de interesse. Analisando este *log*, pode-se verificar que o servidor de origem responde ao endereço IP 46.167.245.116 (localizado na cidade de Mesice, na região da Boêmia Central - República Tcheca) e que o nome do servidor é "emkei.cz"... ou seja, elementos suficientes para comprovar que o e-mail, de fato, não foi enviado pela Casa Branca nem pelo presidente Obama.

Oportuno observar que, obviamente, tanto o IP do servidor quanto seu nome são os mesmos que apareciam no cabeçalho do e-mail anteriormente reportado, que, portanto, teria sido suficiente para desmascarar a falsidade.

Na internet se encontram diversas ferramentas *on-line* gratuitas que permitem o "tracking" de um IP, ou seja, permitem verificar qual o provedor titular de determinado IP, qual o nome do servidor que o utiliza e sua localização (entre outras informações). Uma ferramenta que recomendo para esta função é o IP Tracker (<www.ip-tracker.org>).

Outra ferramenta *on-line* muito útil para verificar servidores de e-mail é o Mx Toolbox (<https://mxtoolbox.com>), que possui diversas funcionalidades, incluindo a identificação do IP do servidor de e-mail oficial (campo MX no DNS) de cada domínio.

Na ausência de qualquer uma das informações anteriores, poderá ainda se tentar o caminho, sujeito a erros e muito menos seguro, de se prestar atenção detalhada à formatação e aos elementos do e-mail recebido, de acordo com eventuais formatos típicos de determinados servidores e sistemas de e-mail (Gmail, Hotmail/Outlook/MSN, Yahoo, AOL, UOL/Bol, Terra, IG, Globo etc.) que sejam conhecidos. Como de hábito, essa análise poderá, eventualmente, conseguir comprovar uma falsificação, mas nunca a autenticidade.

Outra modalidade de falsificação de e-mails, bastante comum de se encontrar nos tribunais brasileiros, é a montagem de e-mails, normalmente a partir de originais que são alterados graficamente com a inserção de elementos (texto/conteúdo) novos e/ou com a modificação de elementos existentes (data, origem/remetente, destinatário etc.).

Gmail - Email de teste https://mail.google.com/mail/?ui=2&ik=2f2c9ac914&view=pt&search...

Gmail <testfin34@gmail.com>

Email de teste
1 mensagem

Lorenzo Parodi <lorenzopar@hotmail.com> 14 de abril de 2017 23:15
Para: "testfin34@gmail.com" <testfin34@gmail.com>

Prezado Fulano,
este e-mail serve somente como base para realizar um teste de montagem gráfica.
Esta é a segunda linha do e-mail original.
Cordialmente

Lorenzo

1 de 1 14/04/2017 23:16

1. Este e-mail de teste é o original recebido pelo sistema Gmail, com seus formatos típicos (fontes, tamanhos, espaçamentos, alinhamentos etc.).

Gmail - Email de teste https://mail.google.com/mail/?ui=2&ik=2f2c9ac914&view=pt&search...

Gmail <testfin34@gmail.com>

Email de teste
1 mensagem

3 Cicrano <cicrano@hotmail.com> 4 14 de abril de 2017 23:15
Para: "testfin34@gmail.com" <testfin34@gmail.com>
1

Prezado Bertrano,
este e-mail está sendo modificado para realizar um teste de montagem
2 gráfica.
Este texto é diferente do original e será substituito ao mesmo.
Cordialmente
Cicrano

1 de 1 14/04/2017 23:16

2. Este segundo e-mail é falsificado por montagem (um exemplo), onde foi retirado o remetente e substituído por outro, e foi retirado o texto e substituído por outro. Pode-se observar que a fonte é levemente diferente, mais clara e maior, os caracteres "<>" são diferentes (ponto 4) do original, o negrito no nome do remetente ficou diferente, os alinhamentos vertical e horizontal são diferentes (pontos 1, 2 e 3), o espaçamento entre o endereço do remetente e do destinatário é diferente etc. Todos pequenos detalhes que podem denunciar uma falsificação.

Importante observar que até a apresentação de uma ata notarial, comprovando a existência de um e-mail, com relativo cabeçalho completo, pode não ser suficiente para garantir que tal e-mail não tenha sido forjado digitalmente. Isso quando a ata notarial for realizada com base em informações obtidas a partir de um computador que não esteja sob controle do tabelião. De fato, é possível, em muitos casos, alterar (através de softwares editores de arquivos binários) os arquivos memorizados no computador, que contêm os e-mails baixados dos servidores pelo software "cliente" de e-mail, para introduzir informações forjadas que, na hora da redação da ata notarial, serão efetivamente vistas e comprovadas pelo tabelião, mas não por isso serão verídicas e representarão um e-mail efetivamente e autenticamente enviado e recebido na forma apresentada.

```
4E8D4A30  30 30 20 28 43 45 53 54 29 0D 0A 54 6F 3A 20 63  00 (CEST)..To: c
4E8D4A40  6F 6E 74 61 74 6F 40 64 65 61 6C 6C 2E 63 6F 6D  ontato@deall.com
4E8D4A50  2E 62 72 0D 0A 53 75 62 6A 65 63 74 3A 20 3D 3F  .br..Subject: =?
4E8D4A60  55 54 46 2D 38 3F 42 3F 52 47 56 74 62 32 35 7A  UTF-8?B?RGVtb25z
4E8D4A70  64 48 4A 68 77 36 66 44 6F 32 38 67 55 31 42 50  dHJhw6fDo28gU1BP
4E8D4A80  54 30 5A 4A 54 6B 63 3D 3F 3D 0D 0A 46 72 6F 6D  T0ZJTkc=?=..From
4E8D4A90  3A 20 22 42 61 72 61 63 6B 20 4F 62 61 6D 61 22  : "Barack Obama"
4E8D4AA0  20 3C 6F 62 61 6D 61 40 77 68 69 74 65 68 6F 75   <obama@whitehou
4E8D4AB0  73 65 2E 67 6F 76 3E 0D 0A 58 2D 50 72 69 6F 72  se.gov>..X-Prior
4E8D4AC0  69 74 79 3A 20 33 20 28 4E 6F 72 6D 61 6C 29 0D  ity: 3 (Normal).
4E8D4AD0  0A 49 6D 70 6F 72 74 61 6E 63 65 3A 20 4E 6F 72  .Importance: Nor
4E8D4AE0  6D 61 6C 0D 0A 45 72 72 6F 72 73 2D 54 6F 3A 20  mal..Errors-To: 
4E8D4AF0  6F 62 61 6D 61 40 77 68 69 74 65 68 6F 75 73 65  obama@whitehouse
4E8D4B00  2E 67 6F 76 0D 0A 52 65 70 6C 79 2D 54 6F 3A 20  .gov..Reply-To: 
4E8D4B10  6F 62 61 6D 61 40 77 68 69 74 65 68 6F 75 73 65  obama@whitehouse
4E8D4B20  2E 67 6F 76 0D 0A 43 6F 6E 74 65 6E 74 2D 54 79  .gov..Content-Ty
4E8D4B30  70 65 3A 20 74 65 78 74 2F 70 6C 61 69 6E 3B 20  pe: text/plain; 
4E8D4B40  63 68 61 72 73 65 74 3D 75 74 66 2D 38 0D 0A 4D  charset=utf-8..M
4E8D4B50  65 73 73 61 67 65 2D 49 64 3A 20 3C 32 30 31 36  essage-Id: <2016
4E8D4B60  30 37 31 39 31 33 34 30 30 30 2E 41 35 41 39 31  0719134000.A5A91
4E8D4B70  44 35 37 37 43 40 65 6D 6B 65 69 2E 63 7A 3E 0D  D577C@emkei.cz>.
4E8D4B80  0A 44 61 74 65 3A 20 54 75 65 2C 20 31 39 20 4A  .Date: Tue, 19 J
4E8D4B90  75 6C 20 32 30 31 36 20 31 35 3A 34 30 3A 30 30  ul 2016 15:40:00
4E8D4BA0  20 2B 30 32 30 30 20 28 43 45 53 54 29 0D 0A 58   +0200 (CEST)..X
4E8D4BB0  2D 68 4D 61 69 6C 53 65 72 76 65 72 2D 4C 6F 6F  -hMailServer-Loo
4E8D4BC0  70 43 6F 75 6E 74 3A 20 31 0D 0A 0D 0A 45 73 74  pCount: 1....Est
4E8D4BD0  65 20 65 2D 6D 61 69 6C 20 6E C3 A3 6F 20 6D 65  e e-mail nÃ£o me
4E8D4BE0  20 66 6F 69 20 65 6E 76 69 61 64 6F 20 70 65 6C   foi enviado pel
4E8D4BF0  6F 20 70 72 65 73 69 64 65 6E 74 65 20 4F 62 61  o presidente Oba
```

Aqui, exemplo de como pode ser alterado um e-mail editando, através de um editor binário, o arquivo certo do software cliente de um computador (neste caso, o cliente "Thunderbird").

Exemplos clássicos de alterações desse tipo incluem data e hora de envio, endereço de origem, IP de origem etc.

Da mesma forma, é possível configurar o computador de um terceiro para que redirecione determinados endereços web (URL) para outro servidor que não seja o original e, assim, fazer aparecer, em um serviço qualquer de *webmail* (simulado), alguma mensagem inexistente ou diferente daquela que existe no sistema *webmail* original. Isso significa que existem meios técnicos para fazer com que, ao digitar um determinado endereço web (por exemplo, www.gmail.com), essa solicitação seja automaticamente redirecionada para um servidor diferente daquele autêntico (ou seja, no caso, o verdadeiro servidor do serviço Gmail), de forma transparente. Nesse servidor "falsificado" poderá haver um site em tudo aparentemente igual àquele existente no servidor autêntico, que poderá apresentar conteúdos falsificados (por exemplo, e-mails recebidos ou enviados), os quais terão aparência de verdadeiros para todos os efeitos, inclusive para a redação de uma ata notarial. Trata-se de técnicas de falsificação de alta complexidade (envolvendo programação e conhecimento de parâmetros de uso não corrente), mas perfeitamente possíveis. Diversas ações de *hackers*, visando roubo de dados e senhas bancárias, utilizam normalmente e com êxito conjuntos de técnicas desse mesmo tipo (simulando sites de bancos em vez de sistemas de e-mail). Essas mesmas técnicas conceituais (entre diversas outras) podem ser utilizadas na falsificação de "telas" de web sites, que podem, posteriormente, ser "capturadas" e juntadas como provas em processos - inclusive, em certos casos, acompanhadas de atas notariais.

A verificação dos *logs* dos servidores originais de e-mail ainda é um sistema mais confiável (obviamente, quando os servidores forem independentes das partes), mesmo não garantindo o conteúdo e teor do e-mail, mas somente o fato de que tenha sido, ou não, enviado um e-mail com aquele remetente e destinatário, quando exatamente isso aconteceu (data e hora de envio e recebimento) e de qual servidor e computador este e-mail saiu, e por qual servidor foi recebido.

Oportuno, no caso, mencionar a existência de tecnologias (ainda não muito difundidas no Brasil) que garantem a integridade e autenticidade dos e-mails enviados/recebidos através de certificação digital.

2.5. Falsificação de certificados e receitas médicas

A falsificação de certificados médicos é um crime antigo. Os departamentos de RH (Recursos Humanos) de praticamente todas as empresas, públicas ou privadas, bem conhecem essa modalidade, mas o caso é comum também em danos de seguradoras e, obviamente, nos tribunais de forma geral. A falsificação de receitas também é algo frequente de se encontrar em farmácias, onde usuários tentam, por esse meio, adquirir remédios controlados de vários tipos.

Antigamente esses crimes eram realizados de formas diferentes, com carimbos falsificados e módulos impressos em gráficas. Ainda existem essas modalidades, mas hoje, como era de se esperar, virou um crime prevalentemente "caseiro" que aproveita a facilidade em reproduzir e alterar digitalmente certificados verdadeiros, ou, ainda, em criar certificados "ex novo", aliada à alta qualidade das modernas impressoras.

A grande maioria dos certificados falsificados, hoje, é feita de forma não profissional, em grande parte a partir de certificados verdadeiros que são escaneados e depois alterados, mantendo as características fundamentais (papel timbrado e carimbo, com ou sem assinatura, do médico) e impressos em impressoras jato de tinta ou laser. Mesmo se realizados artesanalmente, esses certificados podem facilmente passar por autênticos se não forem examinados com muita atenção.

Outra modalidade de falsificação por meios digitais é a dos certificados criados "ex novo" através de softwares de edição de texto e/ou gráfica, sem usar como modelo um certificado verdadeiro e utilizando somente alguns elementos extraídos (através de um escâner) de algum certificado autêntico, normalmente um carimbo do médico (com indicação do CRM), com ou sem assinatura, que será aproveitado na montagem do novo certificado, e, às vezes, algum logo, desenho ou outros detalhes.

Importante observar que grande parte dos certificados médicos falsificados hoje em dia é impressa com impressoras do tipo "jato de tinta", que representam a maioria das impressoras domésticas e têm alta definição, mas também características particulares de impressão (observáveis de forma clara com lupa de aumento 10x ou maior).

Para detectar esse tipo de falsificação, novamente, é necessário usar uma lupa com bom aumento e reparar na qualidade e nas características da impressão, as quais denunciarão que a falsificação foi realizada com impressora caseira e não em modalidade *offset* (como é mais frequente em um certificado verdadeiro). Isso é especialmente válido para o carimbo do médico, que aparecerá "impresso" e não "carimbado", comprovando a falsificação.

Nestes exemplos (detalhes aumentados extraídos de uma receita falsa), pode-se verificar que tanto o formulário quanto o carimbo do médico são impressos utilizando tecnologia jato de tinta, o que comprova a falsificação da receita, que foi provavelmente escaneada a partir de um original autêntico e sucessivamente alterada digitalmente e reimpressa em jato de tinta.

Outro detalhe importante ao qual se atentar é o código CID-10 (Classificação Internacional de Doenças) que pode estar presente em diversos tipos de atestados ou certificados médicos (sobretudo para fins trabalhistas). Não é incomum que falsificadores errem o código CID, copiando-o de outros certificados, que, porém, eram relativos a outras doenças. Uma rápida verificação da congruência desse código pode fornecer importantes indícios de falsificação. Para fazer isso, basta acessar a lista de códigos CID-10 (disponível na internet, por exemplo, no site da Previdência Social – <http://www.previdencia.gov.br>) e comparar o significado do código indicado no atestado ou certificado com a doença efetivamente declarada.

2.6. Falsificação e montagem de fotografias e imagens

Qualquer imagem ou fotografia em formato digital (ou impressa a partir de formato digital) pode ter passado por processos de montagem, edição e alteração. Dependendo da habilidade do operador, tais montagens podem ser muito difíceis de ser detectadas.

A perícia quanto à autenticidade de uma fotografia ou imagem pode ser dificultada dependendo do formato disponível para análise. De forma geral, a melhor opção é sempre poder dispor de uma cópia da fotografia/imagem em formato digital e alta resolução, quanto mais "original" possível (ou seja, próxima da versão original, sem ulteriores conversões, compressões ou recortes).

Nesse caso, uma primeira análise pode ser realizada com adequado aumento estudando a imagem em nível de *pixels* (pontos) para detectar sinais mais evidentes de montagem, detalhes deixados para trás a partir da imagem original ou dos elementos removidos ou extraídos de outras imagens, mudanças de padrões, de cor, de definição, ponto de junção etc.

Existem diversas técnicas e ferramentas que podem auxiliar grandemente na detecção de montagens fotográficas. Uma das principais e mais efetivas é a chamada ELA (*Error Level Analysis*), que identifica, na imagem em análise, eventuais áreas com um nível de compressão sensivelmente diferente e baseia seu funcionamento no fato de que, normalmente, o nível de compressão de uma imagem deveria ser razoavelmente homogêneo, o que significa que as áreas com nível de compressão diferente têm grande chance de representar uma alteração digital ou montagem da imagem.

Existem diversas ferramentas que permitem realizar esse tipo de análise, algumas, inclusive, disponíveis *on-line*. Entre estas, podemos lembrar o software Ghiro (<http://www.getghiro.org>) ou as ferramentas *on-line* disponíveis nos sites <http://29a.ch> e <http://fotoforensics.com>.

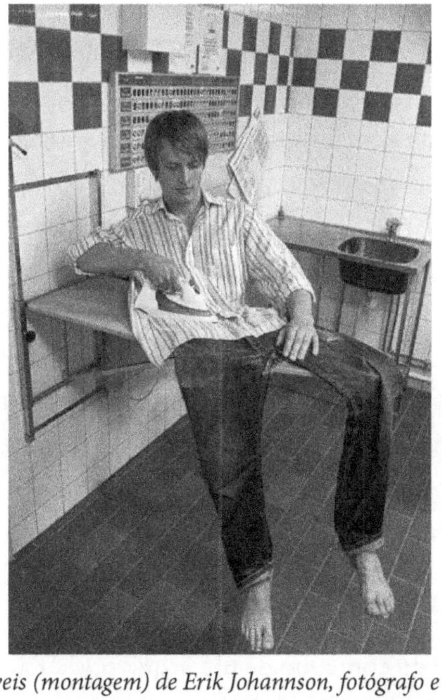

*Uma das fotografias impossíveis (montagem) de Erik Johannson, fotógrafo e especialista em manipulação de imagens. (Fonte: Erik Johannson – <**www.erikjohanssonphoto.com**>)*

Outro centro de pesquisas que desenvolve um software interessante para detecção de montagens em fotografias e imagens é a Sum&Substance (sucessora do centro de pesquisas SMTDP) (<http://www.sumsub.com>). Uma versão comercial da tecnologia originalmente desenvolvida pelo SMTDP se encontra integrada ao pacote de análise forense da empresa Belkasoft (<https://belkasoft.com/forgery-detection>).

Sequência de uma montagem fotográfica e da sucessiva análise através da técnica ELA (Error Level Analysis), que detecta diferenças de compressão da imagem nos "gatos adicionados". (Fonte: Sum&Substance/SMTDP)

Outra técnica útil para detecção de montagens em fotografias e imagens em formato digital é a análise das informações contidas no arquivo de informação das ditas imagens (quando em formato JPG, um dos mais comuns), chamado de EXIF. Este arquivo, integrado no arquivo da imagem, contém informações como exposição, dispositivo usado para capturar a imagem, coordenadas de GPS (quando disponíveis), dia, mês, ano etc. Imagens editadas por alguns softwares, como Photoshop, reportarão tal informação. É oportuno observar que existem softwares que permitem manter isolado o arquivo EXIF e não registram edições, assim como existem softwares que têm como função específica alterar e editar esse arquivo da forma que o operador desejar. Resumidamente, o fato de que no arquivo EXIF não sejam encontrados indícios de alteração da imagem não significa que isso não tenha acontecido, mas se encontrar tais indício, é sinal bastante seguro de que ocorreu uma alteração ou processamento da imagem. Ou seja, mesmo não sendo sempre útil, a análise do arquivo EXIF pode, em alguns casos, facilitar muito o trabalho. Um bom software para analisar o EXIF é o JPEGSnoop, que atualmente pode ser encontrado no seguinte endereço:

<https://sourceforge.net/projects/jpegsnoop/>

Um exemplo típico do conteúdo de um arquivo EXIF (extraído de uma fotografia digital com o mencionado software JPEGSnoop) é o seguinte:

```
*** Marker: APP1 (xFFE1) ***
  OFFSET: 0x00000002
  Length          = 25566
  Identifier      = [Exif]
  Identifier TIFF = 0x[49492A00 08000000]
  Endian          = Intel (little)
  TAG Mark x002A = 0x002A


  EXIF IFD0 @ Absolute 0x00000014
    Dir Length = 0x000C
    [Make                              ] = "SAMSUNG"
    [Model                             ] = "GT-I9082L"
    [Orientation                       ] = 1 = Row 0: top, Col 0: left
    [XResolution                       ] = 72/1
    [YResolution                       ] = 72/1
    [ResolutionUnit                    ] = Inch
    [Software                          ] = "I9082LVJAME2"
    [DateTime                          ] = "2014:03:03 15:14:48"
    [YCbCrPositioning                  ] = Centered
    [ExifOffset                        ] = @ 0x00E2
    Offset to Next IFD = 0x00000354

  EXIF IFD1 @ Absolute 0x00000360
    Dir Length = 0x0009
    [ImageWidth                        ] = 0x[00000140] / 320
    [ImageLength                       ] = 0x[000000F0] / 240
    [Compression                       ] = JPEG
    [XResolution                       ] = 72/1
    [YResolution                       ] = 72/1
    [ResolutionUnit                    ] = Inch
    [JpegIFOffset                      ] = @ +0x03D6 = @ 0x03E2
    [JpegIFByteCount                   ] = 0x[00006000] / 24576
    Offset to Next IFD = 0x00000000
  EXIF SubIFD @ Absolute 0x000000EE
    Dir Length = 0x001F
    [ExposureTime                      ] = 33322/1000000 s
    [FNumber                           ] = F2.6
    [ExposureProgram                   ] = Aperture priority
    [ISOSpeedRatings                   ] = 80
    [ExifVersion                       ] = 02.20
    [DateTimeOriginal                  ] = "2014:03:03 15:14:48"
    [DateTimeDigitized                 ] = "2014:03:03 15:14:48"
    [ComponentsConfiguration           ] = [Y Cb Cr .]
    [ShutterSpeedValue                 ] = 4907381/1000000
    [ApertureValue                     ] = 28102/10000
    [BrightnessValue                   ] = 281/100
    [ExposureBiasValue                 ] = 0.00 eV
    [MaxApertureValue                  ] = 28102/10000
    [MeteringMode                      ] = CenterWeightedAverage
    Flash                              ] = Flash did not fire
    [FocalLength                       ] = 4 mm
    [MakerNote                         ] = @ 0x02C4
    [UserComment                       ] = ""
    [FlashPixVersion                   ] = 01.00
```

```
    [ColorSpace                         ] = sRGB
    [ExifImageWidth                     ] = 0x[00000CC0] / 3264
    [ExifImageHeight                    ] = 0x[00000990] / 2448
    [ExifInteroperabilityOffset         ] = @ 0x0342
    [SceneType                          ] = A directly photographed image
    [ExposureMode                       ] = Auto exposure
    [WhiteBalance                       ] = Auto white balance
    [DigitalZoomRatio                   ] = 1/1
    [SceneCaptureType                   ] = Standard
    [Saturation                         ] = 0
    [Sharpness                          ] = 0
    [ImageUniqueID                      ] = "O08B0SAFL02"

  EXIF MakerIFD @ Absolute 0x000002D0
    Makernote decode option not enabled.

  EXIF InteropIFD @ Absolute 0x0000034E
    Dir Length = 0x0001
    [InteroperabilityIndex              ] = "R98"
```

Uma outra técnica importante para detectar montagens e alterações em fotografias diz respeito à análise da luz na foto. É fato sabido que misturar a iluminação de elementos extraídos de fotos diferentes é algo bastante complexo de se fazer de forma precisa. Isso por uma longa série de razões, entre as quais tipos de luz diferente, fontes de luz diferentes e com diferente orientação e intensidade, multiplicidade de fontes de luz, saturação e exposição da câmera diferentes etc.

Resumidamente, para identificar alterações relacionadas às fontes de luz, precisamos nos atentar aos seguintes pontos:

- Direção das sombras (quando há variações é sinal de montagem).
- Sombras nos rostos das pessoas, nariz, sobrancelha etc.
- Reflexos da luz em superfícies ou sombras em superfícies e objetos.
- Observar, em objetos, pessoas, fundos etc., de qual direção vem a luz.

Uma boa prática é colocar uma pequena seta indicando a direção da luz em cada ponto e depois comparar as diversas setas para verificar se há uniformidade.

Um caso não incomum de imagens alteradas e montadas é o de páginas de sites (sobretudo sites de redes sociais como Facebook, LinkedIn, Instagram e similares) utilizadas como provas em processos judiciais. Tais imagens de telas capturadas de sites podem ser montadas para fazer parecer coisas inverídicas, por exemplo, "comprovando" relacionamentos, viagens ou outras situações, inclusive com datas falsificadas.

A análise desse tipo de imagem falsificada se dará da mesma forma já explicada anteriormente em relação às fotografias e outros tipos de imagens.

A existência de uma ata notarial comprovando o teor e conteúdo de uma determinada página da internet é, nesse caso, de relevante utilidade e razoável confiabilidade. Não é tecnicamente impossível burlar uma ata notarial, fazendo com que em um site apareça um conteúdo diferente daquele verdadeiro (sobretudo se a ata for realizada a partir de um computador específico, não controlado pelo tabelião, por exemplo, o computador de um cliente de um cartório), mas fazer isso requer certo trabalho e conhecimentos técnicos bastante sofisticados, o que faz com que seja, de fato, improvável, na grande maioria dos casos. Vale, porém, lembrar que existe também essa possibilidade, assim como já dito no item 2.4 sobre falsificação de e-mails.

2.7. Análise de arquivos em formato PDF

O formato PDF é, sem dúvidas, o mais utilizado nos processos eletrônicos. De fato, na maioria dos tribunais, os documentos encartados em um processo eletrônico, desde petições até documentos probatórios e atos da justiça, se encontram neste formato. Os próprios advogados, quando juntam documentos aos processos, o fazem após convertê-los para o formato PDF.

O formato PDF foi criado em 1993 pela empresa Adobe Inc., que, a partir de 2008, o liberou como padrão aberto, ou seja, utilizável sem pagar *royalties*. PDF é abreviação de *Portable Document Format* (Formato Portável de Documentos), significando que os documentos PDF podem ser portados entre diversos sistemas (Windows, MacOS, Linux etc.), sem problemas de compatibilidade ou diferenças na aparência.

O formato PDF foi baseado em uma revisitação da linguagem gráfica PostScript.

Arquivos PDF podem ser gerados de várias maneiras, a partir de softwares para elaboração de documentos (Word, Excel, PowerPoint etc.), a partir de softwares gráficos (Photoshop, Paint, CoreDraw etc.) ou ainda a partir de escâneres ou outros equipamentos de captura de imagens (câmeras, por exemplo). Podem ainda ser objeto de montagem ou edição (não necessariamente fraudulenta – por exemplo, uma simples "limpeza" de documentos escaneados) através de softwares específicos para criação e edição de arquivos PDF, como o Adobe Acrobat Pro.

O interessante é saber que o arquivo PDF é normalmente composto de vários elementos (chamados de "streams" ou "objects") que são, de certa forma, mantidos separados e que, diversas vezes, carregam ainda informações quanto às suas origens. Por exemplo, imagens incluídas em um PDF podem ainda ser analisadas individualmente e, em alguns casos, indicar qual sua origem (se um escâner, uma câmera ou, ainda, um software gráfico). Isso pode ter grande relevância, pois pode indicar, por exemplo, se um documento teve como origem um escâner ou um programa de edição gráfica (que poderia ser um indício de alguma manipulação). Pode ainda indicar se uma imagem foi montada (composta por outras imagens) internamente ao arquivo PDF ou se tem uma origem única (ver exemplo e imagens no fim do item 5.1).

Ademais, nos arquivos PDF existem os chamados "metadata", blocos de informações que, dependendo da modalidade com a qual foi gerado o arquivo, podem conter dados importantes como a data de criação, o autor, o método de criação, as modificações realizadas etc.

Para conseguir extrair todas essas informações, pode ser necessário utilizar um amplo conjunto de ferramentas. Existem softwares profissionais para análise forense de arquivos PDF. Resultados semelhantes, mesmo que mais laboriosos, podem ser obtidos usando, em conjunto, softwares gratuitos como os seguintes:

- AutoMetadata (Evermap)
- PDF-Analyzer (Ingo Schmoekel)
- PDF Stream Dumper (David Zimmer)
- HxD Hex Editor (Maël Hörz)

Necessário, ainda, observar que esse tipo de análise, porquanto importante, pode ter resultado enganoso (ou seja, não é suficiente para comprovar qualquer autenticidade). De fato, é possível editar tanto os "metadata" quanto outras informações contidas num arquivo PDF e fazer com que apresentem dados diferentes dos que existiam originalmente (ou até remover tudo). Esse tipo de alteração não é banal de se realizar e certamente não é comum, mas é importante saber que é possível.

3
Falsificação de Escritas Feitas à Mão e de Assinaturas, por Meios Digitais

A assinatura ainda é a forma mais comum de formalizar um consentimento ou reconhecimento em relação a uma transação, pública ou privada, um acordo, uma notificação, um recibo etc. A tendência do aumento no uso das novas tecnologias digitais de identificação, em particular da assinatura digital, é inexorável, mas lenta. Tudo indica que a assinatura tradicional, grafada, continuará a ser usada ainda por muito tempo, antes de ser integralmente substituída pelas novas tecnologias.

Por ser o principal elemento de formalização de um consentimento, a assinatura (ou a rubrica, que é sua forma simplificada) é o elemento gráfico que mais frequentemente precisa ser validado através de uma perícia grafoscópica ou, às vezes, de outras técnicas documentoscópicas.

As assinaturas apostas em original, assim como as escritas manuais, podem, frequentemente, ser validadas através de perícia grafoscópica, que leva em consideração fatores ou elementos como gênese, gramas, momentos, pressão, direção, inclinação, dinâmica, idade gráfica, calibres, espaçamentos, hábitos gráficos etc.

A base da perícia grafoscópica é a comparação da assinatura (ou da escrita) questionada com outra, ou melhor, diversas outras, seguramente autênticas (padrões gráficos ou amostras autênticas), de forma a poder analisar hábitos gráficos e demais características e estabelecer padrões e intervalos de variações possíveis entre os vários grafismos.

Se o perito tiver suficientes amostras gráficas autênticas para analisar e comparar, e a assinatura sob perícia, por suas condições e características, apresentar suficientes elementos analisáveis, é boa a probabilidade de que possa conseguir chegar a um resultado conclusivo e razoavelmente seguro. É bom, porém, deixar claro que isso não é sempre possível. Não são incomuns casos nos quais, por várias razões, o resultado da análise não pode ser considerado conclusivo.

Existem diversos fatores que podem dificultar o trabalho de análise de uma assinatura. Por exemplo, uma pesquisa publicada em 2002 no "Journal of Forensic Sciences" (EUA) atesta que assinaturas graficamente muito simples, ou seja, com baixa complexidade em seus traços, dinâmica e interseções, resultam em uma maior taxa de erros por parte dos peritos ou em análises inconclusivas, justamente em função da maior facilidade em serem imitadas. Patologias, situações emocionais pontuais (estresse, abalos, pressão etc.), cansaço, posições incomuns, uso de certas substâncias (álcool, drogas, alguns remédios, café...) são todos fatores que podem causar alterações na escrita. Essas alterações são, por vezes, detectáveis quando se analisam assinaturas em original. Quando, porém, o material à disposição é exclusivamente em formato digital, tais alterações são muito mais difíceis de ser ponderadas e podem impedir uma correta avaliação ou até ser causa de interpretações incorretas.

Samuel Feuerharmel, em seu tratado sobre análise de assinaturas, descreve detalhadamente quais são as características que contribuem para a segurança de uma assinatura (e, por consequência, para a consistência e confiabilidade de uma análise pericial). Por outro lado, assinaturas demasiadamente simples (que podem, portanto, ser facilmente e exitosamente imitadas) não permitem, normalmente, que se chegue a uma conclusão confiável de autenticidade ou falsidade.

Em se tratando de documentos em formato digital ou elaborados digitalmente, é bastante incomum encontrar falsificações de grandes porções de escrita manual. A maioria dos casos contestados diz respeito a suspeitas de falsificação de assinaturas ou, ainda, a pequenas porções de texto, como as que se encontram no caso de formulários com alguns campos preenchidos à mão, cheques, recibos etc.

A escassa quantidade de texto pode ser um fator adicional de dificuldade, mas não necessariamente impede uma análise pericial. Se a qualidade do texto for boa e suas características analisáveis, é bem possível realizar perícias, por exemplo, em datas (cheques, documentos, contratos, escrituras, cartas etc.) assim como em números que possam aparecer nos documentos, sobretudo para determinar sua eventual provável falsidade.

Diversos peritos consideram o acesso ao documento original como indispensável, na maioria dos casos, para a realização de qualquer perícia. Apesar disso, como já mencionado, muitas vezes é possível, em minha opinião, realizar perícias consistentes e seguras (mesmo se com algumas restrições) a partir de fotocópias, de cópias escaneadas e impressas ou ainda de fotografias e outros formatos digitais (como arquivos PDF, JPG etc.), nos casos em que não seja possível o acesso aos documentos originais.

Diversas características da escrita, sobretudo morfológicas e grafométricas, podem ser observadas em cópias (ver item 3.5, sobre elementos de grafoscopia). Por outro lado, na hora da análise, é preciso levar em consideração a qualidade da cópia e verificar com atenção possíveis montagens, alterações e manipulações (algo fácil de se fazer digitalmente e comum de se encontrar).

Resumidamente, pode-se dizer que tanto em relação a assinaturas quanto a escritas, podem existir raros casos em que seja possível apontar a autenticidade de uma cópia digital (assim como de uma cópia reprográfica) com certo grau de probabilidade (não com certeza), mas, de forma geral, é quase sempre necessário poder analisar o original (comparando-o com padrões seguramente autênticos) para ter um posicionamento mais confiável, inclusive porque há sempre a possibilidade de montagem a partir de uma assinatura autêntica.

Quando, porém, o cerne da questão é comprovar a falsidade e não a autenticidade de um documento, existem, sim, diversos casos nos quais os elementos presentes em um documento digitalizado, ou cópia reprográfica, são suficientes para chegar a uma conclusão confiável que afirme a falsidade. Ou seja, uma cópia digital ou reprográfica de um documento ou assinatura pode ser suficiente para comprovar a falsidade, ao passo que, quase sempre, será insuficiente para estabelecer uma provável autenticidade.

É fato consolidado entre os peritos que o autógrafo (assinatura) não escapa à regra da grafoscopia de que não é possível sua reprodução idêntica, com precisão, pela mesma pessoa e menos ainda por um terceiro.

Por essa razão, é certamente possível afirmar que, ao se encontrarem duas assinaturas idênticas e sobreponíveis, pelo menos uma delas é seguramente falsificada através de reprodução (escâner, fotocópia etc.) ou decalque.

Importante observar que as assinaturas reproduzidas digitalmente podem ter sido objeto de manipulações proporcionais (esticamento/encolhimento vertical ou horizontal); portanto, na análise de duas assinaturas possivelmente idênticas, é necessário verificar também se estas não foram objeto de manipulações proporcionais, verificando se, com manipulações reversas, não é possível chegar a uma perfeita sobreponibilidade, que comprovaria a falsificação de pelo menos uma das assinaturas (ver mais a respeito desse assunto no item 3.4).

3.1. Formas de falsificação de assinaturas e escritas por meios digitais

Neste item trataremos de falsificações por meios digitais. Não é muito comum, neste caso, encontrar falsificações realizadas manualmente por falsários e depois digitalizadas.

De toda forma, eventuais falsificações de assinaturas ou escritas realizadas manualmente sem imitação do original (ou seja, quando o falsário não conhece o original e, portanto, usa uma assinatura ou caligrafia totalmente diferente), e depois digitalizadas, poderão frequentemente ser facilmente detectadas e comprovadas com bom grau de probabilidade, mesmo em formato digital, através de uma análise grafoscópica básica. Cuidado, nesse caso, com eventuais autenticações que podem ter sido planejadas cuidadosamente pelos falsários para dar "força" a uma assinatura sem imitação.

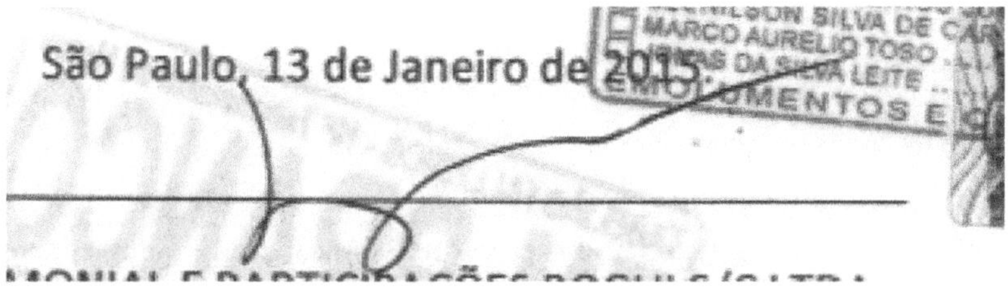

Assinatura (muito simples) autenticada por semelhança em um contrato juntado como prova principal em um processo eletrônico.

Assinatura que constava no cartão de assinaturas do cartório. Observe que o traço é inseguro e lento e as assinaturas padrões apresentam substanciais diferenças entre si. Verificando o documento juntado para comprovar a identidade no cartório, a assinatura presente no documento era totalmente diferente.

Verdadeira assinatura da pessoa em questão, conforme aquela presente em todos os documentos de identidade (inclusive aquele registrado na ficha do cartório) e em muitos outros documentos seguramente autênticos (padrões naturais) que foram encontrados. Isso permitiu comprovar que houve algum tipo de enganação ou fraude envolvendo o cartório ou algum de seus funcionários.

Por outro lado, assinaturas ou escritas realizadas manualmente, copiando ou imitando uma assinatura ou caligrafia verdadeira, e depois digitalizadas, deverão passar por uma análise grafoscópica mais detalhada e, dependendo da habilidade do falsário, para detectar a eventual falsidade poderá ser necessário conseguir o documento original.

Dito isso, quando for adotada essa modalidade de falsificação, manual e depois digitalizada, existe uma grande chance de que sejam adotadas, em conjunto, outras técnicas com o intuito de disfarçar a escrita ou assinatura e dificultar a detecção da falsificação. Bastante comum, por exemplo, a sobreposição, à assinatura falsificada e digitalizada, de um carimbo também digitalizado ou falsificado de outra forma.

Existem diversas modalidades de falsificação de assinaturas e escritas realizadas por meios digitais – praticamente todas, de alguma maneira, partem da digitalização de amostras originais dos elementos a serem falsificados (assinaturas, escritas etc.) ou do acesso a documentos já em formato digital, dos quais se possam extrair tais elementos.

A falsificação digital mais comum é justamente a extração de uma assinatura a partir de um documento original, seu tratamento e adaptação (tamanho, inclinação etc.) ao documento que irá recebê-la e, por fim, a efetiva montagem do documento digital com a assinatura.

Entre os tratamentos possíveis, explicados melhor mais à frente, podemos lembrar a remoção ou alteração de fundo, a mudança de cor, a remoção de elementos integrados à assinatura (carimbos, escritas, linhas de sustentação etc.), os redimensionamentos e a alteração dos traçoes (mais finos ou mais grossos). Importante observar que todos esses tratamentos deixam, com frequência, alguns tipos de rastros ou pequenos sinais detectáveis, aos quais é importante prestar grande atenção.

Existe ainda a possibilidade de falsificação por decalque, sempre partindo de uma assinatura original. O trabalho de digitalização da assinatura falsificada dessa maneira terá dois objetivos principais:

1. O disfarce das imperfeições e características gráficas (por exemplo, insegurança no traço ou menor dinamismo), que denunciariam a falsificação se apresentada em original (isso é feito tanto com retoques digitais quanto pelo próprio processo de digitalização).

2. A transposição mais ágil, e eventualmente repetida (com ou sem redimensionamentos), da assinatura decalcada, em diferentes páginas e posições, no documento montado.

Uma modalidade de decalque mais sofisticada é representada pelo desenho da assinatura decalcada diretamente num *pad* (*writing pad*) ou *tablet* digital. Nesse caso, os falsários competentes costumam realizar o decalque em uma assinatura com grande aumento, pois, em uma imagem grande, é muito mais fácil manter um traço menos tremido, além de ser mais fácil realizar correções - isso sem contar que grande parte das eventuais imperfeições tende a desaparecer, ou ser disfarçada, na hora do redimensionamento digital, para voltar ao tamanho normal (menor).

Os diversos tipos de decalque são utilizados, frequentemente, quando a assinatura autêntica disponível (para os falsários), a ser extraída para realizar o clone, não tiver uma boa definição e qualidade (por exemplo, por já ter passado por diversos ciclos de cópia/escaneamento), o que inviabilizaria a obtenção, por escaneamento, de uma cópia com qualidade suficiente para ser utilizada em uma montagem.

3.2. Detecção de falsificações digitais em assinaturas e escritas

Como já antecipado, este assunto transborda facilmente nas áreas de competência da grafoscopia, a qual, por sua vez, requer quase sempre a análise de documentos originais e não de cópias (físicas ou digitais) para poder fornecer posicionamentos com bom grau de confiabilidade, sobretudo no que diz respeito à efetiva autenticidade.

Existem, porém, diversas situações onde é possível chegar a uma conclusão consistente acerca da eventual falsidade de uma assinatura ou escrita (não de sua autenticidade), mesmo em documentos ou cópias digitais, com base em diversos elementos, princípios e técnicas grafoscópicas e documentoscópicas de aceitação universal.

No caso de assinaturas e escritas, a diferente qualidade gráfica da assinatura em relação ao resto do documento (ou a outras assinaturas e escritas) pode ser um indício forte de montagem.

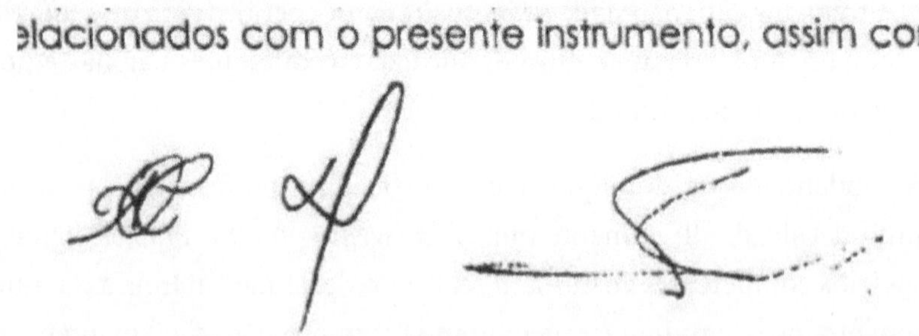

Neste caso, pode-se observar que a assinatura mais à direita tem qualidade nitidamente inferior em relação às demais. Isso indica que esta assinatura passou por mais processos de cópia ou escaneamento, tendo perdido qualidade em cada um deles. As demais assinaturas, por sua vez, foram provavelmente apostas diretamente no original, mantendo por isso qualidade superior. Resta, portanto, provado que a assinatura à direita foi "montada", possivelmente através de duplicação digital, a partir de algum outro documento (provavelmente já uma cópia, vista a baixa qualidade).

Encontrar diversas assinaturas com exatamente o mesmo alinhamento horizontal é também um sinal de suspeita. É verdade que cada pessoa tem seu alinhamento padrão quando assina, mas é também verdade que dificilmente folhas diferentes são mantidas na mesma exata posição, uma após a outra, no momento da assinatura. Por isso, não é incomum que exista alguma pequena variação. Por outro lado, quando a assinatura é montada digitalmente, não há, normalmente, variação do alinhamento horizontal (ou seja, o alinhamento é sempre idêntico), a menos que seja propositalmente variada sua inclinação, o que, na maioria das falsificações digitais, não acontece.

Ademais, como já explicado anteriormente, a existência de mais de uma assinatura idêntica em um mesmo documento (duplicação ou clonagem digital), uma vez comprovada (por exemplo, através de sobreposição das assinaturas, após eventual redimensionamento proporcional), é prova certa de falsificação, pois é sabido, em força das "leis da escrita", que ninguém tem capacidade de realizar duas assinaturas ou escritas absolutamente idênticas e sobreponíveis.

1) 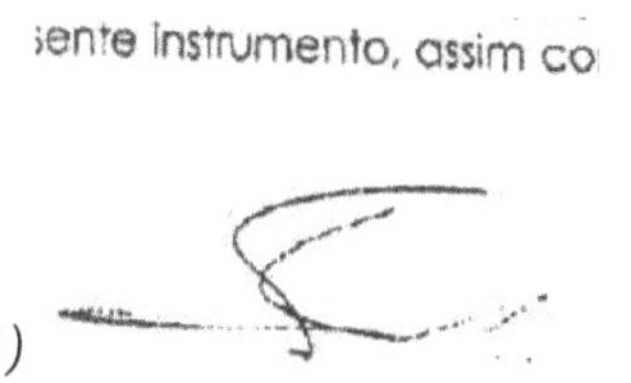

2) 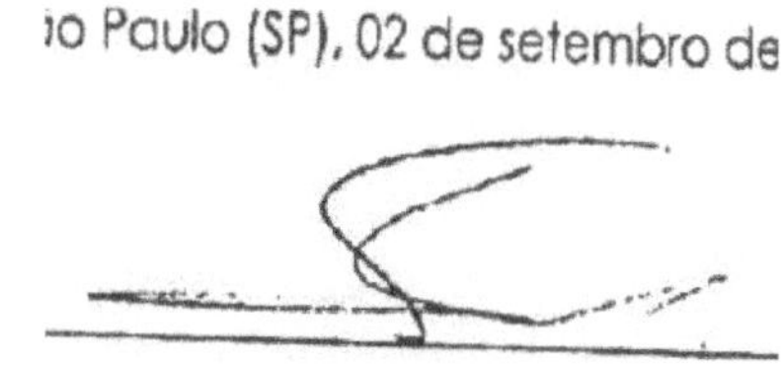

Neste exemplo (extraído do mesmo contrato falsificado da ilustração anterior), pode-se observar que a mesma idêntica assinatura aparece em duas folhas distintas do mesmo contrato, inclusive com qualidade inferior ao resto do documento. A existência de duas assinaturas idênticas, por si só, já comprova a falsificação por montagem digital, sem considerar os demais indícios de falsidade.

É oportuno lembrar, porém, que existem falsários com elevada habilidade nas manipulações digitais - e, por isso, capazes de realizar montagens de altíssima qualidade e sem a presença de qualquer uma das falhas, erros ou imperfeições descritos nestes itens. É, portanto, sempre importante lembrar (mais uma vez), no momento da conclusão de uma análise, que um documento em formato digital não é, na maioria dos casos (exceções são, por exemplo, as certidões públicas que contenham um código de validação *on-line*), suficiente para se afirmar uma autenticidade, mesmo na total ausência de sinais ou indícios de falsificação.

Até trabalhando com documentos originais é bastante frequente que o perito se veja obrigado a concluir pela simples "não vinculação de autoria", o que, é oportuno salientar, não necessariamente implica falsidade (FEUERHARMEL, 2017).

3.3. Processos de cópia digital e perda de qualidade

Assim como acontece com as cópias reprográficas (xerox) repetidas, cada vez que um documento digital é impresso e sucessivamente escaneado de novo, o novo documento em formato digital resultante do escaneamento terá uma sensível perda em sua qualidade gráfica e definição, frequentemente uma perda ainda maior que no caso de xerox repetidas, em função de descompassos entre definição de escaneamento e de impressão e da menor qualidade que normalmente é usada em escaneamentos comerciais (300 ou 600 dpi) quando comparado com cópias xerox digitais (1.200 dpi, normalmente).

O mesmo pode ser dito, ainda que em menor medida (normalmente, mas depende do percentual de compressão), para toda vez que uma imagem digital for salva utilizando um formato de arquivo baseado em algoritmos de compactação (JPG, GIF, PNG, TIF etc.), pois há sempre uma perda de informações ao longo desse processo.

O examinador pode se aproveitar dessa característica para tentar detectar diferentes níveis de definição/qualidade em um mesmo documento, que podem indicar uma falsificação por montagem realizada em etapas sucessivas.

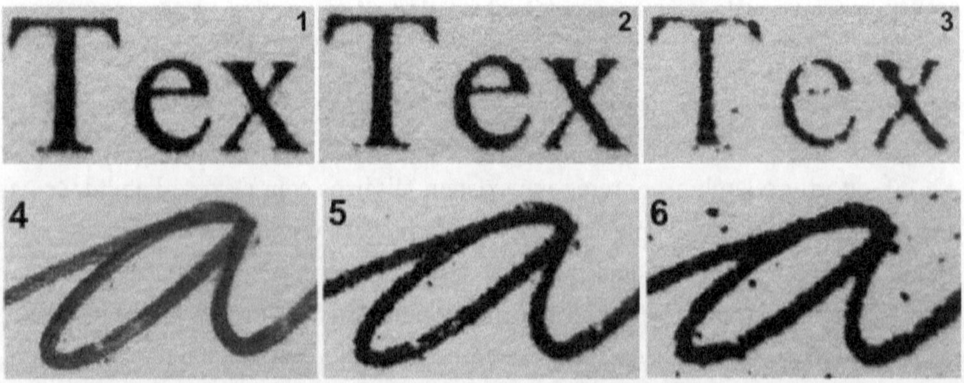

Neste exemplo, as imagens 1 e 4 representam respectivamente partes da primeira impressão laser de um documento e da assinatura em original aposta nele (ou seja, os originais). As imagens 2 e 5 representam a primeira cópia reprográfica (xerox), enquanto as imagens 3 e 6 representam a quinta cópia reprográfica (ou seja, cópia de cópia de cópia...). Evidente a perda de qualidade a cada ciclo, mesmo considerando a alta qualidade das cópias xerox digitais (1.200 dpi em média).

Neste outro exemplo, o mesmo texto e assinatura originais (1 e 3) foram escaneados (em tons de cinza com qualidade "comercial" de 300 dpi) e, sucessivamente, impressos em uma impressora jato de tinta comercial. A cópia impressa foi novamente escaneada e impressa com a mesma qualidade (resultado nas

imagens 2 e 4). Devido à menor definição usada e ao sistema de impressão diferente, a perda de qualidade, após somente dois ciclos de escaneamento e impressão, já é muito grande.

Imaginemos, por exemplo, que se crie um contrato falso no qual é aposta, através de um processo de montagem digital, uma assinatura clonada digitalmente (duplicação digital por escaneamento) a partir de outro documento autêntico de posse dos falsários. Imaginemos, ainda, que esse contrato seja depois impresso (incluindo a assinatura digitalmente reproduzida) para apor outras assinaturas em original (as testemunhas, por exemplo, ou uma das partes) ou outros elementos (autenticações, carimbos...) e em seguida escaneado novamente para ser entregue em formato digital (por exemplo, PDF, o qual engloba as imagens ulteriormente comprimidas) em um processo.

No documento digital final, a assinatura digitalmente reproduzida no início terá passado por dois ciclos completos de reprodução (a primeira digitalização, seguida da impressão e nova digitalização e impressão), enquanto as demais assinaturas terão passado por um único ciclo de digitalização e impressão. Isso gerará uma sensível diferença na qualidade e definição das diferentes assinaturas, que poderá alertar o perito em relação à montagem realizada. Essa diferença na definição será, obviamente, tanto mais evidente quando menor for a qualidade selecionada na hora do escaneamento e/ou impressão.

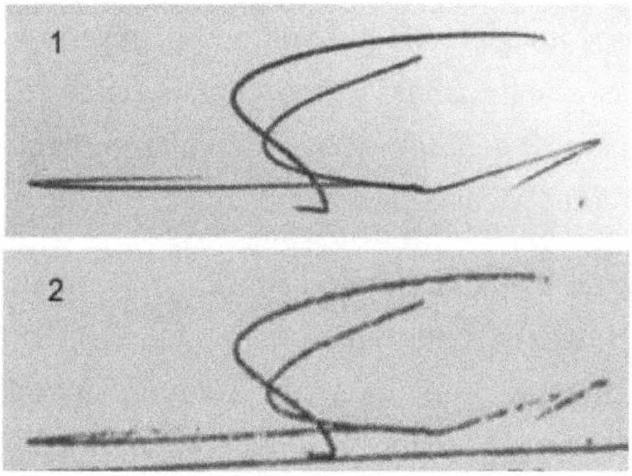

*Neste exemplo a assinatura **1** foi fotografada diretamente do documento no qual foi aposta originalmente. Já a assinatura **2** foi fotografada de documento no qual foi clonada (a partir do documento original com a assinatura **1**, pois pode-se ver que são idênticas) após passar por dois ciclos de escaneamento e impressão, com a consequente e evidente grande perda de qualidade e definição.*

A título meramente acadêmico, pode-se mencionar que o fenômeno da perda de qualidade em reproduções digitais sucessivas (que nada mais são que conversões de analógico – o impresso – para digital e vice-versa) é chamado de "perda generativa" (*generation loss*, em língua inglesa) e está ligado aos conceitos descritos pelo teorema da amostragem de Nyquist-Shannon.

3.4. Redimensionamentos e alterações de elementos da falsificação

Como dito, na montagem de um documento falso, os falsários se utilizam frequentemente de elementos extraídos de outros documentos autênticos, normalmente através do uso de um escâner ou, mais raramente, de uma câmera digital.

Tais elementos (por exemplo, uma assinatura escaneada), para serem utilizados no documento falso e se adaptarem à sua estrutura e finalidade, podem precisar passar por algumas elaborações ou tratamentos.

Entre as elaborações mais comuns, vale mencionar as seguintes:

3.4.1. Redimensionamentos

Trata-se de todos os processos que visam esticar ou encolher, horizontalmente e/ou verticalmente, uma imagem. Tal procedimento, mesmo mudando o aspecto da imagem, mantém suas características proporcionais relativas e, portanto, pode ser passível de reversão para se conseguir obter de volta a imagem original através de redimensionamentos contrários aos anteriormente executados.

É comum encontrar esse tipo de modificação em assinaturas, quando os falsários têm acesso a um único exemplar de determinada assinatura e precisam montar um documento com diversas assinaturas (por exemplo, um contrato). Nesses casos, tentarão dissimular, com esse sistema, cada assinatura para que pareça diferente das demais. A seguir, um exemplo de uma assinatura original (1) e duas modificadas, esticando a original respectivamente na horizontal (2) e na vertical (3).

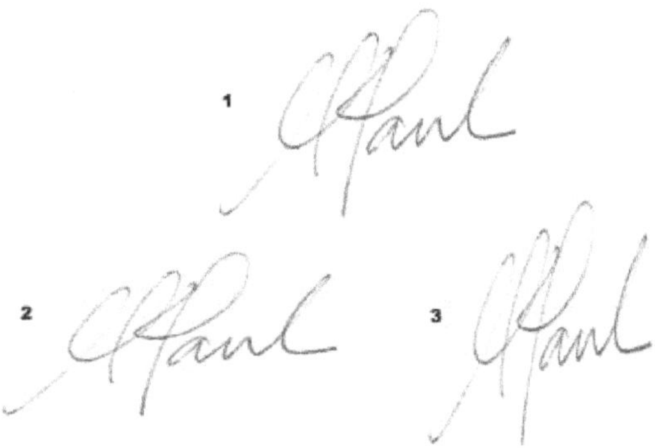

A mesma assinatura pode ainda ser objeto de aumento ou diminuição do tamanho, sempre por meio digital, podendo assim, também, disfarçar sua origem idêntica (ver figura seguinte).

A título de curiosidade, vale mencionar que, antigamente, se podiam encontrar cópias falsificadas de assinaturas e escritas reproduzidas com redimensionamentos através do uso de um simples equipamento chamado "pantógrafo". Hoje isso é muito raro de se encontrar, pois a maioria dos softwares gráficos permite obter resultados semelhantes, e até qualitativamente melhores, com muito menos esforço. O pantógrafo, porém, tem a capacidade de reproduzir uma assinatura em um documento com aparência de "original", por utilizar um instrumento escritor comum (caneta).

3.4.2. Mudança ou remoção de fundo

Para o aproveitamento de um elemento pode ser necessário mudar o seu fundo, para que se adapte ao documento que está sendo montado. Imagine uma assinatura extraída de um documento com fundo azul claro que tenha que ser aproveitada em um documento montado com fundo branco. A cor azul do fundo da assinatura, após seu escaneamento, deverá ser removida para que não destoe do fundo branco do documento montado onde será aproveitada.

É oportuno saber que o processo de remoção do fundo costuma deixar marcas no corpo do elemento principal (a própria assinatura, no caso), na forma de pior definição das bordas ou de sinais ou restos do fundo anterior que ficam incorporados ao elemento principal, entre outros detalhes.

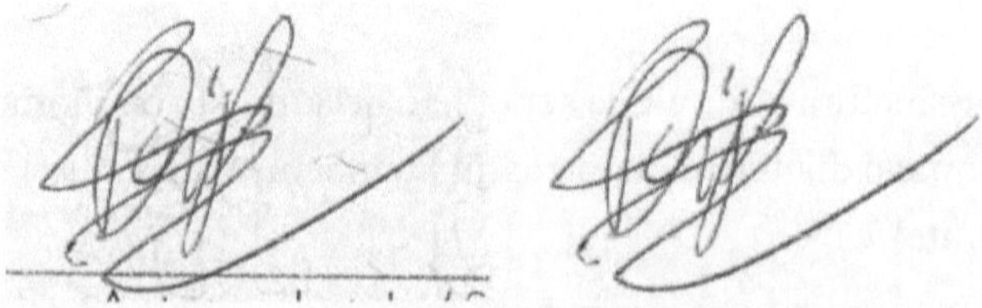

Este exemplo se refere à extração, por escaneamento, de uma assinatura aposta em um passaporte para aproveitamento em outros documentos, em formato digital. Isso após a limpeza do fundo do passaporte, que não permitiria seu livre uso. A seguir, detalhes aumentados das duas versões para observar a perda de definição e os sinais e restos da limpeza de fundo.

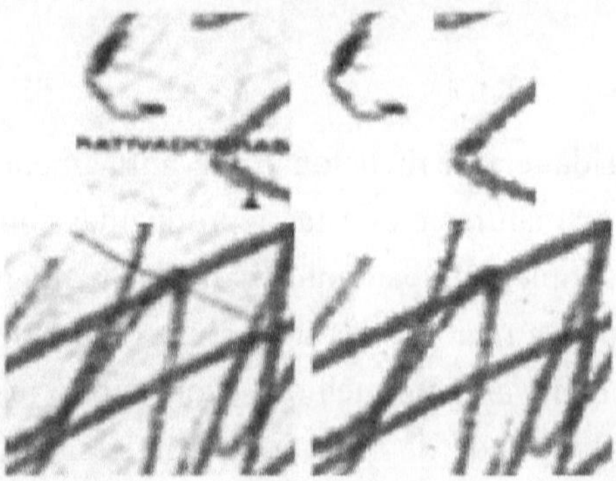

3.4.3. Remoção de elementos indesejados

Após a extração de um elemento de algum documento original, pode ser necessário realizar alterações com o intuito de eliminar traços ou outros elementos subjacentes indesejados. Esse processo é normalmente realizado digitalmente e, mesmo que conduzido cuidadosamente, costuma deixar rastros quando a imagem for analisada em detalhes e com aumento apropriado. Tais rastros podem ser na forma de pequenas sobras dos outros elementos (cor diferente, traços etc.), partes faltantes na imagem principal, sinais de remoção ou edição digital etc.

Neste exemplo foram removidos, no elemento à direita, traços de caneta (oriundos de assinaturas no documento de origem do qual o elemento foi extraído), de forma que pudesse ser aproveitado para montagem de um novo documento. Podemos observar alguns traços remanescentes na forma de uma cor mais escura onde havia passagem da caneta que grafou a assinatura. Quando reduzido de tamanho para aproveitamento, esses detalhes ficarão virtualmente imperceptíveis sem a ajuda de lupa ou outro equipamento.

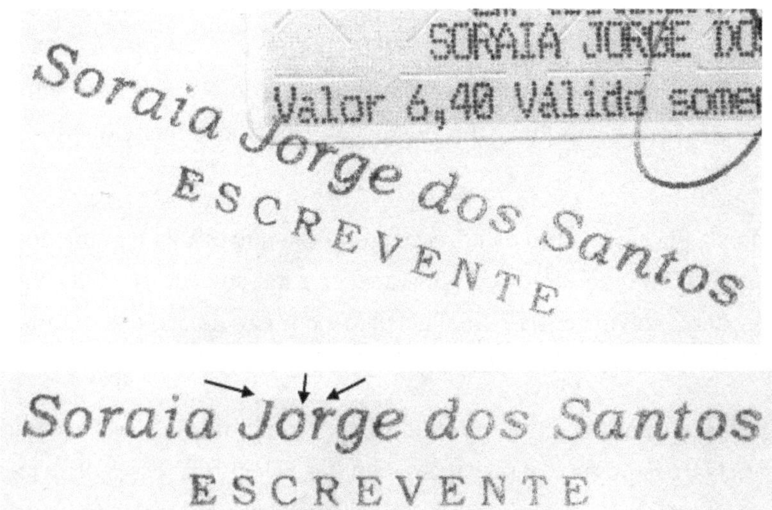

Neste exemplo um carimbo digitalizado passou por um processo de realinhamento (para mudar a inclinação) e remoção de partes do fundo original que atingia as letras "Jor". Na remoção, porém, acabou sendo removida uma pequena parte da haste da letra "J" e ficaram restos do fundo na letra "r" e na letra "o". Tais pequenos indícios seriam suficientes para suspeitar da autenticidade do carimbo "adulterado" quando este fosse utilizado em um novo documento.

Útil observar que existem casos onde o documento falsificado é baseado em um documento original do qual foi removido quase todo o conteúdo, deixando somente alguns elementos críticos (tipicamente assinaturas, carimbos e autenticações). Nesses casos, poderão ser encontrados pequenos restos do documento original ou ainda indícios relacionados à sua natureza original (por exemplo, orientação, tamanho, cor do fundo, definição diferente etc.) que justifiquem uma suspeita.

Podem ser aplicados diversos outros tipos de tratamento a uma imagem digital, dependendo do software utilizado para tanto. Entre estes: tratamentos para mudar a cor, para melhorar a definição e qualidade, para clarear ou escurecer, para preencher vazios ou redesenhar partes faltantes, para adicionar elementos etc.

3.5. Elementos básicos de grafoscopia

Desejo, antes de mais nada, salientar que este item não pretende ser um tratado sobre grafoscopia nem enfrentar o assunto de forma completa e exaustiva. Ao contrário, visa somente introduzir os principais conceitos que estão na base das análises grafoscópicas.

Para integrar e aprofundar os conhecimentos sobre esse importante assunto, recomendo selecionar e adquirir um dos livros específicos mencionados na bibliografia.

A grafoscopia é um ramo da documentoscopia que estuda o grafismo, ou seja, a escrita manual, com o intuito de comprovar ou refutar sua autoria. Essa "ciência" começou a ser desenvolvida entre o final de 1800 e o início de 1900, com uma evolução dinâmica e contínua até os dias atuais.

Os grafoscopistas seguem um conjunto de princípios (ou "leis") e técnicas, fruto de experiências, pesquisas e observações com base científica. Esses princípios visam o estudo e a identificação das características que individualizam cada grafismo e que se baseiam no princípio fundamental que afirma que o grafismo é individual e inconfundível, fruto do controle do cérebro sobre o órgão escritor (normalmente a mão).

As tradicionais escolas que desenvolveram estudos e, consequentemente, leis e princípios aplicados à grafoscopia são as escolas francesa, alemã e italiana.

Ao longo do século passado, outros estudiosos de diversos países (Estados Unidos, Rússia, Austrália, Espanha, Bulgária etc.) desenvolveram estudos e pesquisas que expandiram o conhecimento nesse setor.

No Brasil, a principal corrente ou escola tradicionalmente seguida por grande parte dos peritos em grafoscopia é a escola francesa. Mais recentemente começaram a ser encontrados com certa frequência sinais de influência de autores, estudos e práticas comuns nos EUA (por exemplo, no que diz respeito ao maior uso da grafometria) e em outros países da Europa.

Baseando-se nesses princípios e técnicas, e utilizando padrões adequados, o perito pode realizar exames e análises para determinar a autenticidade e/ou a autoria gráfica.

Vale mencionar que boa parte das leis e princípios da grafoscopia (sobretudo em relação à morfologia e à dinâmica) teve origem em estudos realizados por grafólogos, ou seja, estudiosos que analisam a escrita com o prevalente intuito de inferir sobre características psicológicas e traços de personalidade do escritor.

Algumas das características fundamentais da escrita (incluindo, obviamente, as assinaturas) que são normalmente analisadas num exame grafoscópico são as seguintes:

- **Espontaneidade** (idade e cultura gráfica)
- **Dinâmica** (pressão e velocidade)
- **Gênese** (momentos morfogenéticos, direção...)

Além disso, podem ser analisados aqueles que o Dr. Eberson Bento da Silva chama de "Elementos Técnicos de Apoio", juntamente com outras características que podem ter grande relevância para as conclusões finais, conforme elencado a seguir:

- Ataques e remates
- Inclinação axial
- Alinhamentos
- Espaçamentos
- Calibres
- Hábitos gráficos
- Mínimos gráficos

O conjunto dessas características e elementos permite identificar, de forma unívoca e individual, uma escrita. Comparando a escrita assim identificada com outras certamente autênticas (consideradas em suas características constantes e médias), chamadas de "padrões", usando os mesmos princípios e analisando os mesmos elementos, será possível concluir se o autor da primeira é o mesmo autor das segundas, isso porque as duas terão ou não coincidência prevalente das características e dos elementos individualizadores de cada escrita.

É de fundamental importância lembrar que parte das análises das características e elementos aqui mencionados pode requerer, para sua execução e/ou para ter confiabilidade, a presença dos originais dos documentos a serem analisados.

A grafoscopia e suas técnicas se fundam, como já dito, em diversas "leis", sendo as principais as chamadas leis fundamentais da escrita ou leis de Solange Pellat, pois foram elaboradas por Edmund Solange Pellat, um perito e estudioso francês, considerado um dos grandes teóricos da grafoscopia e da grafologia, que em 1927 publicou, em Paris, a obra "Les Lois de l'Écriture" (ou seja, "As Leis da Escrita").

As leis de Solange Pellat, ou Leis Fundamentais da Escrita, são as seguintes:

Postulado geral

As leis da escrita independem dos alfabetos utilizados.

Isso porque estamos falando de grafismos e não de línguas. Grafismos são sinais gráficos gerados pelo cérebro, de forma original, natural e individual. Alfabetos e línguas representam hábitos e convenções inventados por humanos. A análise da escrita diz respeito somente aos grafismos e não ao alfabeto ou aos demais hábitos e convenções da língua.

Primeira Lei da Escrita

O gesto gráfico está sob a influência imediata do cérebro. Sua forma não é modificada pelo órgão escritor se este funciona normalmente e se encontra suficientemente adaptado à sua função.

Isso quer dizer que o cérebro sempre comanda a ação que é executada pelos músculos do órgão usado para efetuar os gestos que irão gerar a escrita. Por isso, após adequado exercício para se adaptar ao normal funcionamento dos diversos órgãos, as escritas produzidas pela mão esquerda, direita ou até pelos pés ou boca, terão as mesmas características e peculiaridades que as individualizam.

Segunda Lei da Escrita

Quando se escreve, o "eu" está em ação, mas o sentimento quase inconsciente de que o "eu" age passa por alternativas contínuas de intensidade e de enfraquecimento. Ele está no seu máximo de intensidade onde existe um esforço a fazer, isto é, nos inícios, e no seu mínimo de intensidade onde o movimento escritural é secundado pelo impulso adquirido, isto é, nas extremidades.

No movimento e ato espontâneo de escrever, a pessoa utiliza mais ou menos atenção e controle. Normalmente, a atenção é concentrada sobretudo no início do texto e vai se reduzindo progressivamente e espontaneamente ao longo da escrita, entrando em jogo o automatismo gráfico que o fará se aproximar de sua escrita habitual.

Isso acontece também quando a pessoa tenta imitar uma escrita alheia ou, ainda, tenta falsificar ou disfarçar sua própria escrita (autofalsificação).

Terceira Lei da Escrita

Não se pode modificar voluntariamente em um dado momento sua escrita natural senão introduzindo no seu traçado a própria marca do esforço que foi feito para obter a modificação.

Esta lei explica a razão da viabilidade das perícias grafoscópicas. Na hora em que alguém tentar alterar sua grafia, entrarão em jogo o esforço, o controle e a concentração necessários para realizar essa tarefa, e a escrita deixará transparecer essas tensões que quebram a espontaneidade do grafismo. O falsário acabará se traindo através de paradas súbitas, desvios, mudanças de pressão, incertezas, quebra de direção ou interrupções, cabendo ao perito interpretar essas particularidades.

Quarta Lei da Escrita

O escritor que age em circunstâncias em que o ato de escrever é particularmente difícil traça instintivamente ou as formas de letras que lhe são mais costumeiras, ou as formas de letras mais simples, de um esquema fácil de ser construído.

Em função da "lei do mínimo esforço", o escritor recorrerá a traços mais simples e naturais quando estiver em situações que limitam o ato da escrita. Isso ocorre, por exemplo, quando tiver alguma enfermidade, problemas com o instrumento escritor, suporte inadequado, posição anormal do punho escritor em relação ao suporte, produção da escrita em movimento, efeitos de determinadas substâncias (drogas, álcool...) etc.

Na realidade, a obra de E. S. Pellat compreendia diversas outras "leis" relativas à escrita, que enfrentavam aspectos como as manifestações individuais, o caráter e a personalidade, invadindo a esfera da grafologia (muito diferente da grafoscopia).

Existem diversas outras "leis" aplicáveis à grafoscopia e elaboradas por estudiosos e especialistas ao longo do tempo (antes e depois de E. S. Pellat). As principais, que considero útil conhecer, são as seguintes:

Princípios de Humbert (Pierre Humbert, França, 1911)

- **Primeiro princípio.** Todo sinal particular é o indício de uma tendência geral que é fundamental especificar.
- **Segundo princípio.** Toda tendência devidamente caracterizada deve ser relacionada a um dos oito gêneros gráficos.
- **Terceiro princípio.** As semelhanças encontradas entre duas escritas não são suficientes para demonstrar a identidade. É necessário que não existam diferenças qualitativas e que estas sejam explicáveis por serem relacionadas a uma especial circunstância de fatos.

Leis da Escrita Adquirida de Klages (Ludwig Klages, Alemanha, 1953)

Lei da Direção da Atenção

Quando se tenta modificar voluntariamente a própria escrita, as mudanças têm como objeto, naturalmente, os traços que mais atraem a atenção. O esforço aparece, portanto, sempre nas partes principais (as dominantes) e não influi, ou influi muito pouco, nas partes acessórias (os detalhes).

Lei da Dificuldade na Produção das Características Gráficas

Uma característica gráfica é tanto mais difícil de ser produzida quanto mais é inconsciente ou pouco consciente.

Lei do Comprimento da Escrita (Suzanne Hotimsky, França, 1962)

Um falsário não pode manter por longo tempo seu esforço de imitação. Em algum momento deixará aparecer algumas características de sua própria escrita.

Leis da Redução do Nível Gráfico (Emile Caille, França, 1975)

- **Primeira Lei de Caille.** Uma escrita de baixo nível gráfico não pode ser atribuída a um escritor que possua um nível gráfico elevado no caso de uma modificação voluntária natural.
- **Segunda Lei de Caille.** Em caso de falsificação, uma escrita de nível gráfico elevado não pode ser atribuída a um escritor de baixo nível gráfico.

Obs.: Em suas leis, Caille define como "nível gráfico" o que no Brasil se costuma definir como "idade e cultura gráfica".

Para um mais profundo entendimento da grafoscopia, suas bases, técnicas e leis, remeto às obras listadas na bibliografia presente na parte final deste livro.

Vale mencionar, porém, que existem diversas outras "leis" e "princípios" comumente aceitos e utilizados na grafoscopia em nível internacional (com tendências e "escolas" diferentes em cada país). Mencionarei aqui algumas das principais destas "leis", de forma resumida (com indicação da quantidade de "leis" para cada autor), para simples referência acadêmica, remetendo aos livros indicados na bibliografia (entre outros) para um estudo mais aprofundado.

- 15 leis de Saudek (Robert Saudek, atual República Tcheca, 1929)

- 13 leis e princípios de Crépieux-Jamin (Jules Crépieux-Jamin, França, 1929)
- 10 regras de Moretti (Girolamo Moretti, Itália, 1942)
- 10 leis e princípios de Marchesan (Marco Marchesan, Itália, 1947)
- 4 leis de Pophal (Rudolf Pophal, Alemanha, 1949)
- 4 leis de Periot (Maurice Periot, França, 1957)
- 7 leis de Buquet (Alain Buquet, França, 1991)

Existem, ainda, pelo menos outras trinta leis e princípios de uso comum e aceitação difundida, que não têm autores específicos, mas são fruto da experiência de especialistas e pesquisadores ao redor do mundo e formam um precioso conjunto de "know-how" para os grafoscopistas mais primorosos. Além disso, existem importantes técnicas, cada dia mais sofisticadas, aplicáveis ao campo da grafometria (um ramo da grafoscopia que se concentra na medição das grandezas da escrita, tanto absolutas quanto relativas, produzindo tabelas estatísticas para fins de comparação – veja o item 3.8).

A grafoscopia é, sem dúvida alguma, uma ciência complexa, em contínua evolução e aprimoramento, e que requer abertura mental e capacidade de interpretação e adaptação aos casos reais que se encontram.

Oportuno observar, porém, que um bom grafoscopista, além dos conhecimentos teóricos anteriormente pincelados, deverá, sobretudo, ter uma ampla bagagem de experiência "de campo", que é, de fato, insubstituível.

3.6. Aplicações práticas da grafoscopia em documentos digitais

Em se tratando de documentos em formato digital ou elaborados digitalmente, pode não ser possível (em tudo ou em parte) aproveitar e aplicar diversos dos princípios usados na grafoscopia, em função da indisponibilidade de um documento original.

Avaliar alguns dos aspectos da "dinâmica" e da "gênese" da escrita, por exemplo, será certamente inviável ou muito difícil. Por outro lado, ainda há a possibilidade de analisar os aspectos grafométricos, morfológicos e grande parte dos já mencionados "elementos técnicos de apoio", assim como, frequentemente, diversos outros aspectos da gênese e da dinâmica da escrita.

Mesmo que isso possa não ser suficiente para chegar a conclusões confiáveis em todos os casos, permitirá avaliar grande parte dos mencionados elementos técnicos e, dependendo dos elementos disponíveis, chegar a definir razoáveis padrões de probabilidade, quando não afirmar a existência certa de falsificações.

Alguns casos de autofalsificação (disfarces), casos de montagens a partir de escritas/assinaturas originais (quando o falsário tiver tomado certos cuidados), certos tipos de decalque (ainda mais se o documento digital não tiver boa definição/qualidade para detectar falhas e inseguranças no "trato" da escrita), imitações realizadas por falsários hábeis serão certamente mais difíceis de avaliar, trabalhando com documentos digitais e na ausência de originais.

Oportuno ainda mencionar que não é incomum a alegação de inexistência de um original (perdido, extraviado, destruído etc.), por parte de uma das partes em um processo, justamente com o intuito de dificultar uma melhor análise grafoscópica. É bastante frequente encontrar partes que se aproveitam abertamente, e com má-fé patente, da dificuldade em periciar cópias e documentos digitais, justamente para ter uma maior chance de se defender, ser absolvidos ou "ganhar" processos.

 ano 2009

 ano 2004

Assinaturas onde a mais antiga é contestada (por ser supostamente diferente, e não por ter sido objeto de montagem), alegando ser autêntica somente a mais recente. A avaliação é dificultada pela ausência de originais e pela baixa qualidade dos documentos digitais disponíveis.

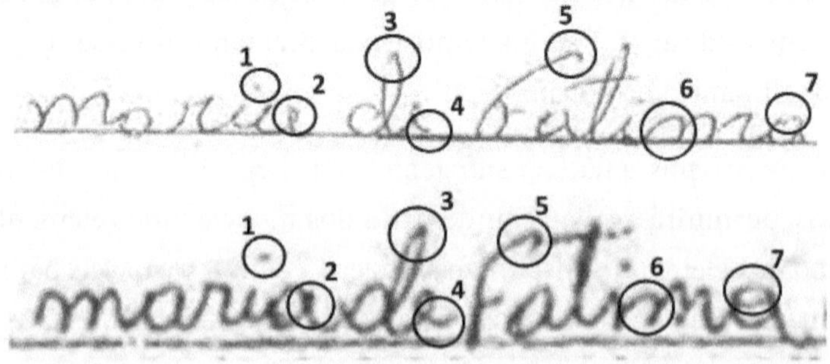

É, porém, possível avaliar diversos elementos de apoio, assim como aspectos da gênese e da dinâmica, permitindo dizer, de um ponto de vista grafoscópico e não conclusivo, que as aparentes diferenças entre as duas assinaturas constituem uma possível tentativa de autofalsificação, em função da existência de um número ainda maior de coincidências (obs.: no documento de 2004 há outros exemplares da assinatura, com ainda mais indícios de coincidência).

3.7. Análise grafoscópica preliminar em documentos digitais

Como já dito, uma análise grafoscópica exaustiva requer o acesso aos documentos originais, não sendo suficientes cópias ou versões em formato digital. Contudo, é certamente viável, em diversos casos, conseguir detectar sinais ou indícios de possível falsidade, mesmo em cópias digitais de documentos manuscritos, aplicando técnicas e princípios da grafoscopia. Diversas vezes, tais indícios podem ser perfeitamente suficientes para chegar a uma consistente conclusão de falsidade ou provável falsidade.

Dentre as diversas técnicas grafoscópicas que podem ser utilizadas, dependendo dos casos, vale a pena elencar algumas das mais efetivas (tanto de base morfológica quanto de base grafométrica) para uma análise prática e preliminar (não conclusiva) de documentos manuscritos e/ou assinaturas em formato digital, com intuito de detectar eventuais indícios de falsificação ou heterografia.

- Morfologia geral da escrita e de seus elementos.
- Direção, andamento e inclinação da escrita.
- Distâncias entre letras, palavras e linhas.
- Tamanho do corpo das letras e algarismos e sua forma.

- Distância das vírgulas e pontos em relação às palavras que antecedem ou seguem.
- Formato dos pontinhos dos "i", barras dos "t", acentos e apóstrofos e suas gêneses e distâncias em relação às palavras.
- Tamanho do espaço entre as linhas.
- Posição da assinatura e sua distância da última linha do texto ou da linha de apoio.
- Sinais de incerteza, escrita com tremores ou indícios de pressão excessiva (muito marcada).
- Existência de homogramas (grafemas "idênticos") na escrita.
- Dimensão das margens e das reentrâncias.
- Hábitos gráficos em geral.
- Hábitos nos eventuais cancelamentos e correções.

É sempre oportuno relembrar, mais uma vez, com relação às assinaturas, que a existência de duas assinaturas idênticas e sobreponíveis, considerando também eventuais ajustes proporcionais (esticamentos ou encolhimentos) que possam terem sido aplicados, é sinal seguro de falsificação.

O mesmo vale, também, em relação aos homogramas, ou seja, letras e algarismos (grafemas) idênticos e sobreponíveis, que possam ser encontrados em partes diferentes do documento. Nesse caso, porém, por se tratar de elementos gráficos relativamente simples (uma única letra ou algarismo), e consequentemente fáceis de serem reproduzidos, deve-se tomar certo cuidado com a comprovação de sua efetiva identicidade e a consequente eventual conclusão de falsidade baseada neste único fator. De forma geral, sempre que possível, a existência de homogramas deve ser considerada como um forte indício de uma provável montagem, a ser confirmado por outros elementos, quando existentes.

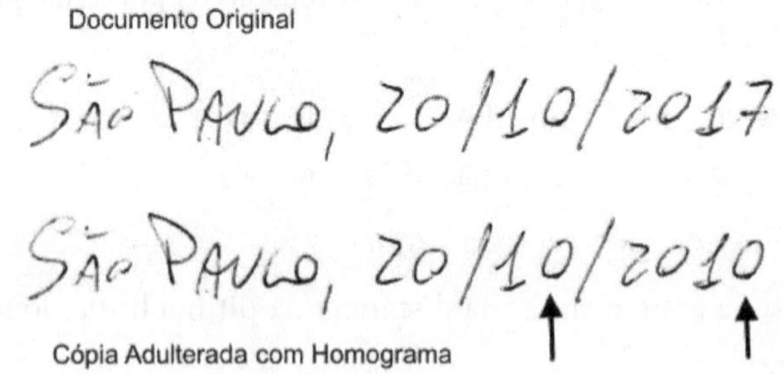

Neste exemplo, pode ser detectada uma adulteração por montagem em função da existência de um homograma. No caso, o ano 2017 foi adulterado substituindo o algarismo 7 pelo algarismo 0, extraído do mês da própria data. De fato, na segunda data (cópia adulterada), os grafemas do algarismo 0 no número 10 (do mês) e no final do número 2010 (do ano) são idênticos.

Grande atenção deve ser prestada para a identificação e comparação dos chamados "hábitos gráficos", que podem se manifestar de forma sutil e pouco evidente. Importante lembrar que os hábitos gráficos que mais contribuem para a identificação da autoria, ou seja, aqueles mais relevantes, devem apresentar constância na escrita sob análise (padrões analisados), baixa frequência na população em geral (o que somente a experiência pode dizer) e escassa perceptibilidade (ou seja, pouca probabilidade de serem observados e, por consequência, de serem objeto de falsificação consciente).

A respeito desses conceitos sugiro ler, entre outros, o excelente artigo de Samuel Feuerharmel sobre "Métodos de Construção Exóticos", publicado no n. 37 da revista "Perícia Federal", em julho de 2016.

3.8. Aplicações da grafometria em documentos digitais

Conforme já sumariamente mencionado anteriormente (item 3.5), a grafometria é uma técnica da grafoscopia que utiliza métodos estatísticos para avaliar aspectos quantitativos dos grafismos, ou seja, medir diferenças absolutas ou relativas nas grandezas das escritas e/ou de seus elementos.

Esta técnica foi desenvolvida ao redor do começo do século XX, inicialmente pelo grafólogo americano Persifor Frazer (1899), depois, de forma mais completa, pelo francês Pierre Humbert (1907) e pelo alemão Wilhelm Langenbruch (1914), e, mais tarde, pelo francês Edmond Locard (1959). Desde então foi amplamente utilizada em diversos países da Europa (França, Espanha, Alemanha e Itália) e é hoje bastante utilizada também nos EUA.

Na grafometria se medem as dimensões de letras (e seus elementos) ou palavras em termos absolutos (quando possível) ou em termos relativos, ou seja, em comparação proporcional com outras letras ou palavras.

Algumas das grandezas dos grafismos que podem ser medidas são: alturas, comprimentos, diâmetros, inclinações (ângulos), distâncias etc.

Tais medições podem ser absolutas (ou seja, em centímetros, milímetros, graus angulares etc.) ou relativas (ou seja, em percentual de variação de uma em relação à outra).

As medições são realizadas em diversas amostras (tanto "autênticas" quanto "sob análise" - quanto mais amostras existirem, melhor) e depois são extraídas médias para cada grupo de amostras (autênticas e sob análise). O valor e a relevância desta técnica são diretamente proporcionais à quantidade de amostras disponíveis (tanto "autênticas" quanto "sob análise" ou "questionadas").

O escopo das medições é comparar as médias extraídas de cada grupo para determinar se são compatíveis ou incompatíveis, ou seja, se os elementos medidos são homogêneos entre os grupos (o que é indício de terem a mesma origem/autoria) ou se são heterogêneos (o que é indício de terem origens diferentes, ou seja, normalmente um dos grupos de amostras foi falsificado).

A confiabilidade estatística da média das medições realizadas em cada grupo pode ser estimada com o método do "Desvio Quadrático Médio". A fórmula que pode ser utilizada para este cálculo é a seguinte:

$$\sigma = \sqrt{\frac{\sum_{i=1}^{n}\left(X_i - \overline{X}\right)^2}{n-1}}$$

Onde:

- n é o número de amostras
- $\overline{X}$ é a média das medições
- X_i é a i-esima medição

No caso, um valor de resultado menor indica uma maior concentração e homogeneidade das amostras do grupo sob análise e a consequente maior confiabilidade da média das medições daquele grupo de amostras.

A seguir, um exemplo simples de aplicação de técnicas grafométricas (com somente três amostras para cada grupo, um número muito limitado).

Foi realizada uma comparação entre as escritas "Quatro" e "reais" presentes em amostras coletadas (portanto, autênticas) de simulacros de cheques e em cheques sob contestação (suspeitos de terem sido adulterados nos valores).

Mesmo encontrando-se em escalas diferentes (devido à diferente definição e origem das imagens), foi medido o comprimento de cada palavra "Quatro" e "reais" em três "padrões", ou amostras autênticas, coletados (figuras 1, 2 e 3 a seguir) e em três cheques contestados, cujas cópias se encontravam nos autos em formato digital (figuras 4, 5 e 6 a seguir), extraídos de microfilmagem digital de um banco (com baixa definição).

Foi sucessivamente calculada a proporção percentual relativa de cada palavra "Quatro" em relação a cada correspondente palavra "reais", obtendo assim uma medição uniforme (diferença percentual), independentemente da escala de cada imagem e, portanto, comparável de forma consistente. Tal "unidade de medição uniforme" pode ser definida como comprimento da palavra "Quatro" em percentual do comprimento da correspondente palavra "reais" e pode ser chamada, por exemplo, de "Ratio %".

Por fim, foi calculada a média da mencionada diferença percentual ("Ratio %") entre as palavras em cada grupo (amostras autênticas e cheques contestados).

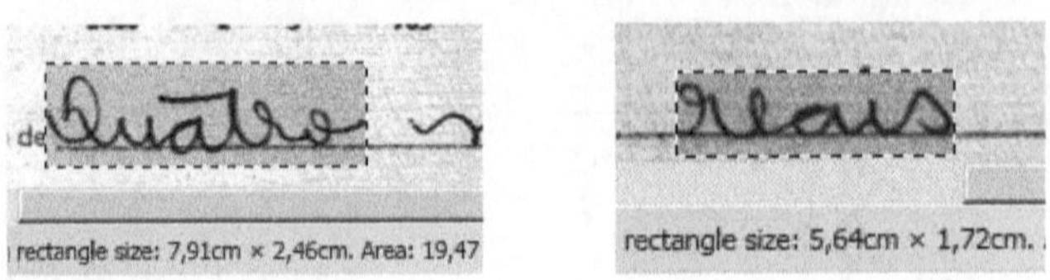

Figura 1 (tamanhos da amostra autêntica 01)

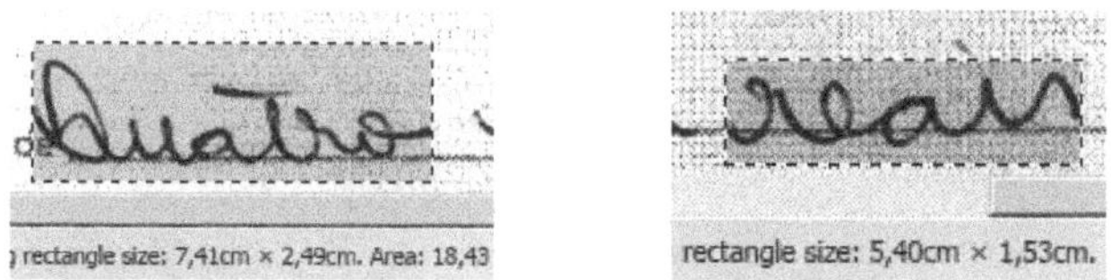

Figura 2 (tamanhos da amostra autêntica 02)

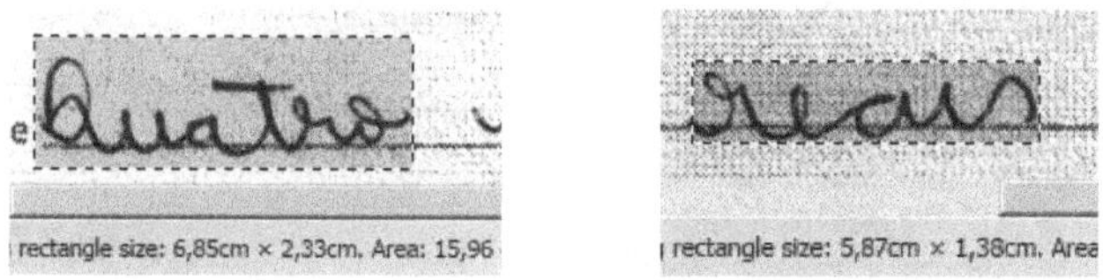

Figura 3 (tamanhos da amostra autêntica 03)

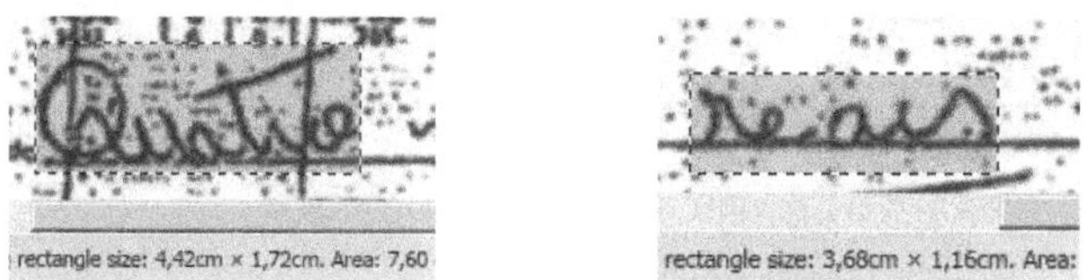

Figura 4 – (tamanhos do cheque contestado 01)

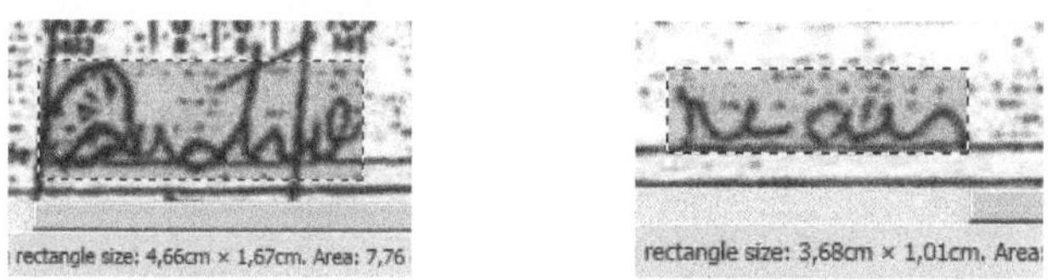

Figura 5 – (tamanhos do cheque contestado 02)

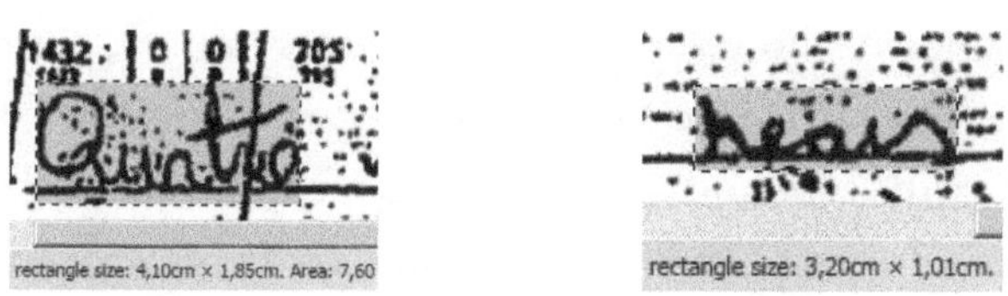

Figura 6 – (tamanhos do cheque contestado 03)

O resultado (figura 7 a seguir) mostra uma relevante diferença entre os tamanhos médios das palavras "Quatro" nos cheques contestados, que são consistentemente menores que as palavras "Quatro" nas amostras autênticas (124,95% contra 131,39%), reforçando assim a tese da autoria (mão que escreveu) diferente destas palavras nos dois grupos.

	"Quatro"	"reais"	Ratio %
Autênticos			
Amostra 1	7,91	5,64	140,25
Amostra 2	7,41	5,40	137,22
Amostra 3	6,85	5,87	116,70
Média			**131,39**
Contestados			
Cheque 1	4,42	3,68	120,11
Cheque 2	4,66	3,68	126,63
Cheque 3	4,10	3,20	128,13
Média			**124,95**

Figura 7 (cálculo dos tamanhos proporcionais e médias)

Neste caso, a confiabilidade da média das medições dos dois grupos, com o método do desvio quadrático médio, seria estimada da seguinte forma:

Grupo 1 - Autênticos:

$$\sqrt{\frac{(140,25-131,39)^2+(137,22-131,39)^2+(116,7-131,39)^2}{(3-1)}} = 12,81$$

Grupo 2 - Contestados:

$$\sqrt{\frac{(120,11-124,95)^2+(126,63-124,95)^2+(128,13-124,95)^2}{(3-1)}} = 4,26$$

Ou seja, as amostras do Grupo 2 resultam mais homogêneas/concentradas e, consequentemente, mais confiáveis que as do Grupo 1. No caso, porém, a grande diferença entre as médias, mesmo considerando a menor confiabilidade das amostras do Grupo 1, é suficiente para fornecer uma indicação de provável falsificação.

Outras análises grafométricas teriam sido possíveis em relação a essas amostras - por exemplo, medindo diâmetros das letras "Q", "a" ou "o" nos dois grupos, ou, ainda, a altura das hastes da letra "t" etc.

Vale sempre considerar que, na opinião de quem escreve, a análise grafométrica pode ser um importante instrumento coadjuvante, mas, sozinha, não é normalmente suficiente para se chegar a sólidas posições conclusivas. Na grande maioria dos casos, tal análise deverá constituir um elemento, entre diversos outros, para construir uma convicção final, fundamentada em indicações, quanto mais possível homogêneas, dos vários elementos analisados.

4
Linguística Forense e Análise de Autoria de Redação e Estilo

Existem recursos que podem auxiliar na busca da verdade, mesmo não sendo sempre capazes do fornecer um resultado conclusivo.

Um caso exemplar é aquele de documentos em formato digital nos quais, para determinar a autenticidade, seja fundamental comprovar a autoria de um texto.

Em se tratando de documentos em formato digital, frequentemente escritos através de sistemas computadorizados (ou seja, sem uma caligrafia a ser estudada) e nos quais estão ausentes todas as características físicas da escrita que poderiam ajudar a identificar o autor, nos resta somente a análise da estrutura, do estilo redacional e da formação sintática e ortográfica das frases. Essas análises são normalmente agrupadas sob a definição de "linguística forense".

A prática de definir o autor de um texto com base em elementos linguísticos e estilísticos remonta à antiguidade e foi já aplicada, por exemplo, por Galeno (século II DC) e São Jerônimo (século IV DC).

Em tempo modernos, Albert Sherman Osborn (1929) recomendava atenção aos elementos extragráficos, como a composição, a ortografia, a pontuação, a gramática, as formas idiomáticas, o uso das maiúsculas etc. Mais tarde encontramos menções à necessidade de prestar atenção a esses elementos também nas obras dos principais peritos da escola anglo-saxã, desde Wilson Reginald Harrison (1958), James V. P. Conway (1959), até Ordway Hilton (1982) e, mais recentemente, David Ellen (2003), entre vários outros em diferentes países.

Diversas pesquisas apontam que, na melhor das hipóteses (o que nem sempre é a realidade), a precisão dessas técnicas pode chegar a algo próximo a 85%-90%, ou seja, ainda longe de fornecer uma verdadeira certeza.

Por essas razões, no meu entender, tais ferramentas e técnicas não têm capacidade universal de comprovar de forma conclusiva a efetiva autoria positiva de determinado texto ou documento, mas em muitos casos podem, sim, ser muito úteis para os fins de uma perícia de autenticidade, sobretudo quando o objetivo da perícia for descartar a possibilidade que determinada pessoa seja autora de um texto, mais que para comprovar (e, repito, "comprovar", não simplesmente indicar como possível ou provável) sua autoria.

Resumidamente, essas técnicas, sobretudo quando em conjunto com outros fatores indicativos de falsidade, podem permitir comprovar uma falsidade com certo grau de segurança, mesmo não sendo normalmente suficientes para comprovar uma autenticidade de forma conclusiva.

Registro, porém, que existem alguns peritos e *experts* que consideram possível usar essas técnicas para chegar a conclusões seguras em relação à autoria positiva de textos e documentos. É um setor ainda em constante evolução, com diferentes graus de aceitação e desenvolvimento em diversos países.

É certamente possível dizer que cada autor tem seu próprio estilo de redação, seus hábitos sintáticos, suas maneiras de construir frases, suas palavras e termos preferidos etc. Por essa razão, é possível realizar uma análise dessa natureza, posto que se tenha acesso a um suficiente acervo de textos que sejam seguramente de autoria do suposto autor. Esse ponto é de fundamental importância. Assim como na grafoscopia é necessário ter um acervo de amostras (padrões), certamente autênticas, das assinaturas ou escritas a serem periciadas, para fins de comparação, também na linguística forense é indispensável ter uma boa quantidade de textos relevantes e certamente autênticos (melhor se coevos), para fins de análise e comparação.

Os especialistas em linguística forense costumam dividir as análises em duas categorias: a qualitativa e a quantitativa.

A análise qualitativa consiste em avaliar as formas usadas, como e por que elas foram utilizadas. Sua principal limitação encontra-se no processo pelo qual o perito deduz suas conclusões com base nas premissas que identificou como verdadeiras (inferência), isso porque se trata de um processo "artesanal" e subjetivo, abrindo espaço a possíveis erros.

A análise quantitativa, por sua vez, pondera a medida da variação na língua escrita com base em estatísticas aplicadas a elementos mensurados de forma objetiva. Uma das limitações diz respeito à escassez de ferramentas para análise, pois essa modalidade depende da possibilidade de mensurar os atributos estilométricos em grande quantidade. É comum realizar esse tipo de análise de forma automatizada, aproveitando softwares específicos que se encontram em constante evolução e aprimoramento.

4.1. Procedimentos de análise linguística

A análise linguística da autoria de um determinado documento se funda na teoria que afirma que cada pessoa tem sua própria e única versão da língua que fala e escreve, que pode ser chamada de idioleto, e na presunção de que este idioleto sempre acabará se manifestando através de escolhas específicas e distintivas na redação de um texto (Michael Alexander Kirkwood Halliday, 1964).

A atenta e, se necessário, repetida leitura do texto do documento objeto da perícia é provavelmente a primeira e principal atividade a ser executada pelo perito, após ter se inteirado a respeito dos textos autênticos de comparação. Dessa leitura aprofundada vem a possibilidade de detectar e destilar elementos e detalhes que podem ser decisivos para a definição do caso e que facilmente podem ter passado despercebidos em uma primeira e superficial leitura.

A **análise qualitativa** do texto pode ser dividida em algumas etapas:

- **Análise do conteúdo.** Visa mapear a mentalidade do escritor, seu estado emotivo no momento da escrita, sua instrução e cultura, a extração social, em alguns casos a participação em grupos e até características da personalidade do escritor.

- **Análise lexical.** O léxico é o conjunto de palavras e locuções usados por uma pessoa ou grupo de pessoas. Pode dar indicações sobre idade, sexo, cultura, profissão, origem etc.
- **Análise ortográfica e sintática.** Completa os elementos anteriores, pois o tipo, a frequência e a gravidade dos erros pode dar indícios importantes a respeito da identidade e origem do escritor. Determinados erros particulares podem até adquirir um peso "sinalizador", e determinados conjuntos de erros específicos podem chegar a excluir a casualidade e resultarem decisivos para uma consistente avaliação de autoria.
- **Análise de estilo.** O estilo costuma ser muito pessoal, refletindo a cultura, a mentalidade, a clareza, a prolixidade, a síntese, a linearidade, a logicidade, a originalidade, o gosto, o prazer, o envolvimento e, mais em geral, a personalidade do escritor. Isso tudo se extrai da intensidade e precisão das palavras usadas, do "pathos" presente nas frases e na "cor" das imagens, paráfrases, exemplos e descrições.
- **Análises dos lapsos.** Na análise qualitativa é possível encontrar elementos chamados de "lapsus calami", os quais nada mais são que palavras, frases ou expressões que, fugindo à vontade consciente de quem escreve, representam por si só uma espécie de "tique" gráfico que permite a identificação do autor.

É importante aprender a detectar as eventuais intenções de mascaramento (dissimulação ou simulação) no texto, que tenham como objetivo dificultar a identificação do autor.

O nível de cultura ostentado na escrita pode ser diferente do nível real do autor, tanto para mais quanto para menos. Uma cultura superior pode ser detectada através do uso impróprio, ou inadequado estilisticamente, de certas palavras ou gírias; já a ostentação de uma cultura inferior pode ser identificada observando com atenção a coerência entre forma e substância.

Interessante também observar o eventual uso recorrente de gírias, locuções regionais, vícios, abreviações, pontuações particulares, opções gramaticais etc.

A **análise quantitativa**, por sua vez, costuma ser realizada através do uso de softwares que ponderam o texto de forma quantitativa, selecionando e contando palavras recorrentes, pontuações, tamanho das frases, combinações de letras, separação de símbolos gráficos, produzindo métricas e estatísticas que possam ser utilizadas para comparar os textos de autoria conhecida com aqueles sob contestação e análise.

Os programas de análise textual usam algoritmos para criar perfis das características de escrita de cada texto, inclusive qualidades que dificilmente poderiam ser modificadas por escritores desejosos de passar despercebidos. Esses perfis, realizados primeiramente em textos cuja autoria é certa e depois em textos cuja autoria é incerta ou contestada, são posteriormente comparados para verificar suas semelhanças e divergências e assim chegar a uma conclusão sobre a provável autoria.

Uma boa perícia forense baseada em análise linguística não pode se basear somente em análise qualitativa ou em análise quantitativa, mas deve sempre utilizar essas duas técnicas em conjunto para fortalecer as conclusões e, sobretudo, limitar a possibilidade de falsos positivos ou de interpretações equivocadas.

4.2. Ferramentas e softwares de auxílio para análise linguística

Apesar de suas mencionadas raízes antigas, a linguística forense é uma disciplina relativamente jovem, em contínua evolução e, sobretudo, ainda não universalmente aceita nas diversas instâncias. É utilizada para fins investigativos por diversas agências (o FBI foi um dos primeiros), mas ainda carece de reconhecimento por parte da justiça de grande parte dos países, além de unanimidade entre os pesquisadores.

Há ainda poucos especialistas neste setor, em sua grande maioria originários de países de língua inglesa e oriundos de universidades onde existem centros de pesquisa neste setor. Contudo, trata-se de um campo em expansão, e novos sistemas, pesquisas e ferramentas são constantemente desenvolvidos e testados em faculdades de cada dia mais países ao redor do mundo. Já existem centros de pesquisa e estudo neste setor também no Brasil (por exemplo, na Universidade Federal de Santa Catarina: <www.linguisticaforense.ufsc.br>), assim como na Itália e na França.

As ferramentas que existem são, obviamente, sobretudo dedicadas à análise quantitativa, pois é aquela que mais se beneficia e se adapta a um trabalho de tipo automático e massivo, como aquele realizado por computadores e softwares. A análise qualitativa continua sendo, por sua natureza, uma disciplina bastante "artesanal", baseada em experiência, competência, cultura, sensibilidade e interpretações subjetivas.

Ainda não há muitas ferramentas disponíveis de forma aberta (a grande maioria das ferramentas existentes são desenvolvidas por grupos universitários de pesquisa e não disponíveis ao público). Entre as conhecidas, e que podem ser usadas de forma "comercial", podemos mencionar as seguintes (ver sites indicados a seguir):

- <http://aliastechnology.com/>
- <http://www.cflsoftware.com/>
- <http://www.linguisticevidence.org/>

5
Falsificação de Selos e Carimbos Notariais

Uma vez realizada a falsificação do documento, seja por qual metodologia for, poderá ser necessário, para o falsário, tomar medidas para que tal documento, que provavelmente terá forma de cópia, passe a ter uma mais sólida aparência de autêntico. Isso também acontece no caso de ser necessário prover uma suposta autenticidade a uma assinatura falsificada em um documento montado ou, ainda, uma data "certa".

Para fazer isso, um dos sistemas mais utilizados é a falsificação de uma autenticação de cópia ou de assinatura por parte de um cartório. Através de uma falsa autenticação os falsários poderão, em relação ao documento falsificado, alegar que se trata de cópia autêntica de um "original" não mais disponível e assim tentar usar tal cópia normalmente em quase todas as situações em que seja necessário. Poderão ainda sustentar que determinado documento foi assinado por certa pessoa em certa data, muitas vezes com o único intuito de prover ao documento uma "data certa", supostamente garantida pelos carimbos cartoriais.

Os selos notariais de autenticidade foram progressivamente introduzidos no Brasil a partir de 1996, com o explícito intuito de dificultar as falsificações e, sobretudo, de fazer com que fosse relativamente fácil conferir a autenticidade de uma cópia ou de uma assinatura autenticada pela simples presença de um selo de autenticidade unificado (em nível estadual) e de difícil falsificação e remoção. Antes disso, somente um perito em grafoscopia e documentoscopia (além do próprio cartório) poderia ter condições de confirmar, ou não, a autenticidade de um documento notarial, através da análise detalhada e validação de assinaturas e carimbos do cartório de origem (tarefa por vezes bastante complexa).

Como sempre acontece, os falsários, que antes se aproveitavam das fraquezas de um sistema de autenticação de difícil validação, iniciaram um rápido processo de adaptação e estudaram novas formas de falsificação das autenticações que levassem em conta a existência dos novos selos de segurança.

As duas principais (mais comuns) modalidades de falsificação das autenticações são:

1. Reúso de selos (com carimbos falsificados ou recuperados de cartórios).
2. Reprodução digital de carimbos e assinaturas com sobreposição do selo original.

Em ambos os casos, a falsidade da autenticação pode facilmente passar despercebida para um observador não especialmente atento ou treinado, assim como no caso de uma análise superficial, rápida e a olho nu.

Para realizar essas falsificações (ambas as modalidades) é fundamental, para os falsários, conseguir descolar um selo de autenticação sem que este seja danificado, o que é absolutamente viável sem grandes dificuldades para falsários treinados e com os necessários conhecimentos. Isso, mesmo considerando as medidas de segurança adotadas nos selos notariais, como, por exemplo, a pré-fragmentação do selo e a cola com alta adesão.

Por não ser objetivo deste livro, não entraremos em detalhes sobre as modalidades existentes para descolar e reaproveitar selos notariais mantendo sua integridade. Basta saber que, para quem detém o necessário *know-how*, isso é perfeitamente factível.

Existem outras modalidades de falsificação de autenticações, sobretudo através do uso de selos roubados ou extraviados, ou ainda de selos falsificados/forjados, ou seja, impressos em gráficas clandestinas. Tais modalidades são, porém, bem menos comuns.

Todas essas modalidades serão descritas mais detalhadamente nos itens a seguir.

Em todos os casos, é importante observar que os modelos (desenhos) dos selos notariais mudam periodicamente, por determinação das autoridades competentes ligadas aos tribunais de cada estado.

Com isso, nos trabalhos de análise de selos, é sempre importante atentar para o exato modelo que deveria estar em vigor na data do suposto uso, pois não é incomum encontrar erros dos falsários nesse ponto, usando selos de um período com carimbo e/ou data de outro período, não compatível.

5.1. Carimbos de cartórios utilizados nas falsificações

De fundamental importância para a realização de diversos tipos de falsificações de autenticações é o acesso a carimbos adequados, críveis e aparentemente autênticos, que possam ser utilizados nas várias modalidades de falsificação.

Esses carimbos têm, normalmente, duas possíveis origens:

1. Carimbos antigos e autênticos dos cartórios que deveriam ter sido destruídos, mas que, de alguma forma, foram extraviados com ou sem conhecimento do próprio cartório (que pode ter realizado uma denúncia a respeito).
2. Carimbos falsificados que foram produzidos em laboratórios clandestinos especificamente para as falsificações.

Esses carimbos, independentemente de sua qualidade, credibilidade e semelhança com os originais (no caso em que se trate de carimbos falsificados e não de carimbos autênticos extraviados), são de fundamental importância para o êxito das falsificações e constituem um dos principais patrimônios dos falsários.

É importante, no momento da análise das autenticações, atentar para o modelo de carimbo utilizado, mas também para a sua qualidade e definição, assim como para pequenos detalhes de cada modelo.

Carimbos antigos, que foram extraviados de algum cartório, costumam ter sinais de uso consistente, na forma de defeitos na definição e precisão do texto carimbado ou dos desenhos que compõem o carimbo. A imagem carimbada costuma ter partes com falhas ou com pequenos borrões.

Por outro lado, carimbos falsificados, produzidos de forma clandestina, não têm nenhum dos problemas citados, mas dificilmente serão absolutamente idênticos aos carimbos originais. Na enorme maioria dos casos haverá alguma pequena variação nas dimensões, nos caracteres ou em outros detalhes do carimbo. Isso quando o modelo for copiado de um original, o que nem sempre é verdade. Existem diversos casos, não tão incomuns, nos quais o carimbo utilizado em nada se coaduna com o modelo efetivamente usado no cartório indicado.

Os falsários se aproveitam do fato de que pouquíssimas pessoas conhecem o verdadeiro formato dos carimbos usados em cada cartório, e que, por essa razão, a validação se limita, na maioria das vezes, a conferir a existência do selo de autenticação.

Para verificar o eventual uso de um carimbo irregular ou falso, o procedimento que aconselho é o seguinte:

1. De fundamental importância, sempre que possível, ter acesso a uma cópia do verdadeiro carimbo em uso no cartório à época da autenticação sob perícia. Isso pode ser feito, dependendo dos casos, em diligência junto ao cartório ou através do acesso a documentos originais, seguramente autenticados por aquele cartório no mesmo período. Oportuno observar que é normal os cartórios utilizarem diversos carimbos iguais, que, na realidade, sempre têm alguma pequena diferença um do outro. Será, portanto, útil obter amostras de todos eles.
2. Deverão ser adquiridas fotografias, inclusive dos detalhes (aumentos), e/ou imagens escaneadas em alta resolução do carimbo objeto da perícia (questionado). Isso pode ser feito a partir dos originais dos documentos carimbados sob análise.
3. Deverá ser analisado detidamente o carimbo objeto da perícia, em paralelo com a eventual cópia autêntica do carimbo usado pelo cartório (em todas as suas versões), se atentando e relevando qualquer diferença ou coinci-

dência entre os dois, assim como qualquer defeito ou sinal de uso excessivo no carimbo sob perícia. Variações na intensidade ou tonalidade da tinta do carimbo deverão também ser objeto de atenção, pois, mesmo não sendo automaticamente indício de falsidade (isso pode acontecer na realidade por acúmulos pontuais de tinta no carimbo), podem indicar montagem ou adulteração no próprio carimbo.

4. Importante observar se, além de ser igual aos carimbos originais do cartório, o carimbo objeto de perícia também indica os valores corretos em vigor à época para os serviços de autenticação supostamente realizados. Isso pode ser feito acessando as portarias da corregedoria do tribunal de competência, que periodicamente publica as tarifas em vigor e suas variações.
5. Verificar junto ao cartório e/ou ao tribunal competente a eventual existência de denúncias de extravio de carimbos do cartório em foco.
6. Útil também verificar se não há identicidade (inclusive nos pequenos defeitos, na posição e nos demais detalhes) entre dois carimbos no mesmo conjunto de documentos ou no mesmo processo, o que pode indicar uma montagem digital.

Existe uma modalidade de falsificação de carimbos notariais por meios digitais. É um caso não muito frequente, mas que pode ter relevância quando se trata de documentos em formato exclusivamente digital, como aqueles presentes nos processos eletrônicos.

Na prática, os falsários digitalizam um carimbo verdadeiro utilizando um escâner com alta definição. Depois, com um programa gráfico, realizam correções e ajustes na imagem obtida por escaneamento, para remover eventuais sinais de uso do carimbo e outras imperfeições da imagem (muitas vezes sequer passam por esse processo, ou o fazem de forma amadora). Deixam o fundo da imagem na modalidade "transparente", para que possa ser sobreposto a qualquer outra imagem. Por fim, utilizam essa imagem para "carimbar" digitalmente a reprodução de algum selo notarial (eventualmente também manipulado e "limpado") em algum documento falso que queiram "autenticar".

Dependendo da habilidade dos falsários, esse processo pode resultar em uma imagem digital que aparenta realmente ser a reprodução de um documento regularmente autenticado em cartório. Podem existir falhas (grandes ou pequenas), que provavelmente serão detectadas somente por um profissional treinado e dificilmente por boa parte dos operadores de justiça (advogados, funcionários das varas, juízes etc.).

O ponto fraco dessa modalidade é que será impossível, para os falsários, apresentar o "original" do documento assim "autenticado", caso este seja solicitado pelo Juízo. É um risco que às vezes os falsários correm, dependendo de diversos fatores e da avaliação quanto à chance de o documento ser contestado (dentro dos prazos de lei).

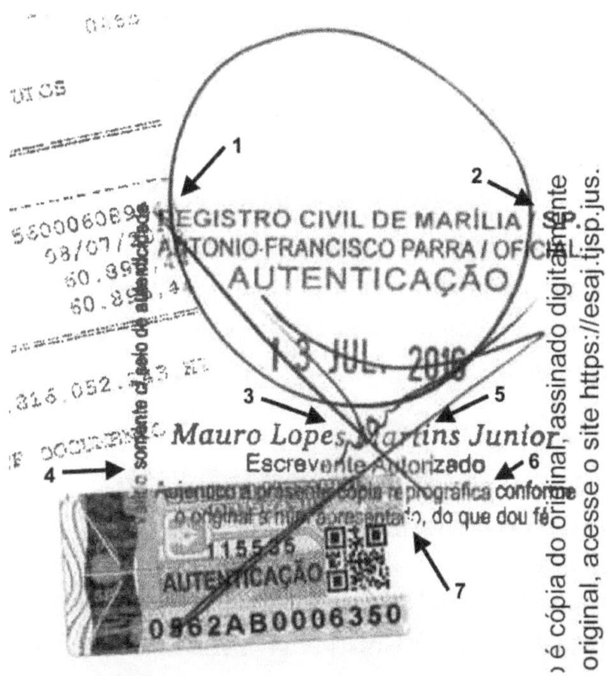

Exemplo de falsificação com montagem e reprodução digital de carimbos e selos, realizada de forma muito pouco refinada (através de edição/montagem diretamente no arquivo PDF juntado a um processo). Podem ser observadas mudanças de definição e cor em todos os pontos evidenciados com setas (e diversos outros) e mudança de alinhamento nos pontos 2, 3, 5, 6 e 7, entre outros.

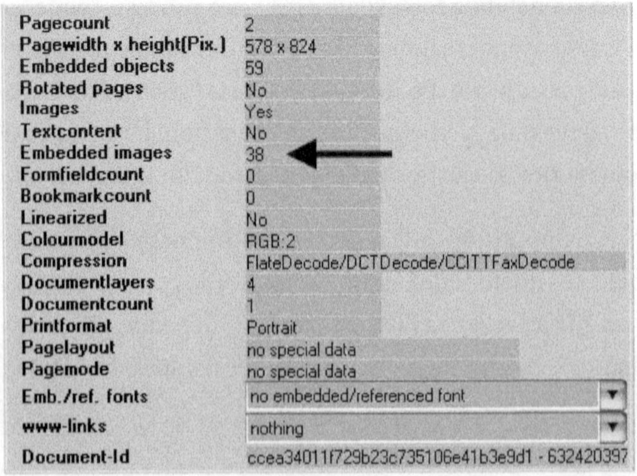

Pagecount	2
Pagewidth x height[Pix.]	578 x 824
Embedded objects	59
Rotated pages	No
Images	Yes
Textcontent	No
Embedded images	38
Formfieldcount	0
Bookmarkcount	0
Linearized	No
Colourmodel	RGB:2
Compression	FlateDecode/DCTDecode/CCITTFaxDecode
Documentlayers	4
Documentcount	1
Printformat	Portrait
Pagelayout	no special data
Pagemode	no special data
Emb./ref. fonts	no embedded/referenced font
www-links	nothing
Document-Id	ccea34011f729b23c735106e41b3e9d1 - 632420397

Além das muitas falhas, a falsificação foi definitivamente comprovada analisando o arquivo PDF e observando que este continha mais de trinta imagens distintas (elementos da montagem) e compostas para formar/montar o documento falso (em especial, a falsa autenticação). As imagens, uma vez extraídas do arquivo PDF, mostraram os elementos da montagem distintos e com qualidades diferentes.

Oportuno saber que esse processo de digitalização e aproveitamento em falsificações é usado também para outros tipos de carimbos, não relacionados a cartórios ou autenticações – por exemplo, carimbos de empresas, médicos, escolas, universidades, órgãos públicos etc. –, muitas vezes em conjunto com suas assinaturas originais, igualmente digitalizadas.

5.2. Reúso de selos notariais (autenticação, reconhecimento de firma etc.)

As normativas estabelecidas em leis estaduais e regulamentos/normas das Corregedorias de Justiça dos vários estados proíbem, de forma geral, o reaproveitamento ou reúso de selos notariais. O selo notarial, uma vez utilizado, passa a ter validade somente no documento onde foi utilizado pela primeira vez. Caso seja removido de tal documento e/ou reutilizado, será considerado inválido e falso, podendo tipificar o crime de "falsificação de selo ou sinal público" (Art. 296 C.P.), entre outros.

Nesse tipo de falsificação, o documento forjado ou montado digitalmente é, finalmente, "autenticado" (pode-se tratar de uma autenticação de cópia, de uma autenticação de assinatura ou outra) através do reúso de selos notariais recuperados de outros documentos anteriormente autenticados.

Há fortes indícios da existência de verdadeiras quadrilhas organizadas para a realização desse tipo de falsificação em diversos estados da federação. Essas quadrilhas têm acesso a consideráveis volumes de documentos autenticados em diversas épocas e não mais necessários para seu fim original, sendo, portanto, possível a remoção dos selos notariais. Já desenvolveram técnicas mais ou menos refinadas para a remoção massiva de tais selos sem danificá-los (nem todos o fazem de forma sofisticada).

Tais organizações possuem, ainda, amplo acesso a carimbos adequados para realizar as falsificações (ver item 5.1).

Muito importante observar que os selos, para poderem ser reutilizados com alguma chance de êxito, devem responder a determinadas características mínimas:

1. Terem recebido, em ocasião de seu uso original, carimbos e/ou assinaturas em partes limitadas de sua superfície, não sendo viável reutilizar um selo que recebeu um carimbo anterior, por exemplo, ocupando metade de sua superfície, pois seria muito difícil, quando não impossível, cobrir/disfarçar tal carimbo com um novo.
2. Terem condição de ser removidos sem danos e mantendo sua integridade para posterior reúso (algo não difícil de se fazer para os "profissionais" do setor em condições normais e dependendo, sobretudo, do tipo de papel-suporte).
3. Terem sido emitidos originalmente em período de tempo (período de validade do modelo de selo) compatível com a data pretendida do documento ou da autenticação (pois, periodicamente, os modelos dos selos mudam). Nem sempre os falsários atentam para esse detalhe, contando com o provável escasso conhecimento específico de quem irá receber e visionar o documento final.

As principais medidas de verificação e validação de uma autenticação realizada com um selo notarial suspeito de reúso são as seguintes:

1. Verificar a existência de porções de carimbos anteriores ao usado na autenticação sob perícia (questionada), normalmente encobertas parcialmente pelo carimbo desta última (isso pode ser feito com o auxílio de uma lupa).
2. Verificar o alinhamento de eventuais carimbos anteriores subjacentes aos carimbos da autenticação sob perícia, como forma adicional de comprovar que não se trate do mesmo carimbo.
3. Verificar a existência de porções de assinaturas anteriores realizadas com canetas que podem ou não estar disfarçadas, em tudo ou em parte, pelas assinaturas da autenticação questionada, assim como podem ter coloração diferente (inclusive outros tons da mesma cor), tipo de caneta diferente e grossura do traço diferente. Essa verificação pode ser feita com auxílio de lupa ou, se for o caso, de microscópio.
4. Se existente e visível no carimbo, tentar identificar o valor pago pela autenticação e verificar se este se coaduna com os valores em vigor para aquele tipo de serviço na época da suposta autenticação. Esse valor pode ser coberto ou disfarçado de várias formas, mas, muitas vezes, pode ser extraído com o uso de lupas com grande aumento, microscópio ou luz IR.
5. Verificar, através de diligência, se o nome do escrivão autorizado é o de um escrivão que efetivamente estava trabalhando no cartório na época e data da suposta autenticação. Para tanto, considerar também as eventuais ausências para períodos de férias, licenças ou doença.
6. Verificar, através de diligência, se a assinatura original do escrivão autorizado confere com a assinatura aposta na autenticação do documento questionado.
7. Verificar se a data do carimbo não é de um dia feriado na cidade do cartório.
8. Verificar se o selo notarial foi efetivamente utilizado, originalmente, pelo mesmo cartório identificado na autenticação suspeita. Isso, muitas vezes, pode ser feito pela internet através dos sites dos tribunais (ver Apêndice).
9. Verificar se o modelo de selo notarial utilizado era aquele em vigor na data da suposta autenticação.
10. Realizar diligência junto ao cartório para conferir se o carimbo utilizado na autenticação suspeita se coaduna com os modelos utilizados no próprio cartório na mesma época.

11. Em se tratando de documentos com mais de uma página, será também interessante observar a sequencialidade da numeração dos selos utilizados. Em condições normais, qualquer cartório utilizaria, na autenticação de um documento de múltiplas páginas, selos com numeração sequencial. Poderia haver interrupção no caso de terminar uma folha de selos e iniciar uma nova, mas seria algo ocasional e mesmo assim verificável. Inclusive, há previsão legal para o uso sequencial de selos notariais em diversas legislações estaduais. Em documentos com autenticação falsificada através do reúso de selos notariais, porém, é muito comum verificar que os selos não têm numeração sequencial. Isso é devido à dificuldade de encontrar selos reutilizáveis com numeração sequencial e ainda em condições de serem extraídos íntegros, sem grandes porções carimbadas e sem danos aparentes.

Neste exemplo (documento realmente utilizado como prova em um processo) podemos observar os seguintes elementos indicativos de falsidade:

1. *Evidências do uso anterior do selo notarial na forma de traços e marcas de assinaturas anteriores realizadas com caneta esferográfica e não disfarçados (ou mal disfarçados) na ocasião do reúso.*
2. *Assinatura do suposto escrivão cobrindo, propositalmente, o valor do serviço notarial indicado pelo carimbo, para evitar discrepâncias entre o valor em curso na data da suposta autenticação e o valor indicado no carimbo (que muitas vezes é mais antigo e, portanto, incompatível).*
3. *Evidências do uso anterior do selo notarial, com marcas do carimbo originalmente utilizado e parcialmente cobertas pelo novo carimbo, de forma a disfarçar tal uso anterior.*
4. *Evidências do uso anterior do selo notarial, com claro desalinhamento do carimbo antigo subjacente ao carimbo novo, que tem alinhamento visivelmente diferente e discrepante.*

5.3. Reprodução digital de carimbos e sobreposição de selo notarial

A falsificação de documentos autenticados, através de montagem digital, mantendo os carimbos e selos notariais originais, é uma outra modalidade que se encontra com alguma frequência. Requer maior grau de sofisticação técnica, sobretudo no uso de equipamentos informáticos e softwares, mas hoje em dia isso já deixou de ser um grande problema. Por se tratar de uma falsificação sofisticada e, por consequência, cara, é encontrada normalmente em processos que envolvem interesses relevantes e/ou partes "poderosas" (economicamente, socialmente, politicamente etc.).

Nesse caso, o ponto de partida é sempre um documento autenticado original, com uma autenticação (de cópia ou de assinatura) real e autêntica.

Esse documento é sucessivamente escaneado em cores e alta resolução, alterado digitalmente nos pontos que os falsários desejam modificar (o que pode ser feito através de montagem e sobreposição ou de alteração direta da imagem), sucessivamente reimpresso, em cores e alta definição, nas mesmas idênticas dimensões do original.

Por fim, é descolado o selo original do documento original e colado exatamente em cima da cópia do selo no documento escaneado e reimpresso, para cobri-la com precisão, de forma que as porções de carimbo e assinaturas existentes no selo original coincidam perfeitamente com as porções de carimbo e assinaturas reproduzidas digitalmente em alta resolução na cópia escaneada.

Exemplo de cópia autenticada de documento de identidade que foi sucessivamente alterada. À primeira vista e a olho nu, a autenticação parece autêntica. O selo não tem qualquer traço de reúso e o carimbo e a assinatura podem ser confirmados como autênticos. De fato, um documento de identidade deve ter sido originalmente e regularmente autenticado nesse cartório.

Porém, olhando com maior atenção, e sobretudo com o auxílio de uma lupa, pode-se perceber que a porção de carimbo e de assinatura que fica no papel tem definição, qualidade e tipo de impressão diferentes daquela que fica no selo notarial. Isso porque o documento foi alterado digitalmente, deixando intacta somente a parte onde havia a autenticação, foi sucessivamente impresso em alta definição e em cores, e, por fim, o selo original foi descolado do original e colado em cima da reprodução do selo que foi certamente impressa (em impressora a laser colorida, que deixa esse tipo de padrão de impressão) juntamente com o restante do documento alterado, fazendo com que encaixasse perfeitamente tanto com o carimbo quanto com os traços das assinaturas. Descolando e levantando este selo notarial, se encontrará, por baixo, uma imagem colorida do mesmo selo com os mesmos carimbos e traços de assinatura (digitalizados).

Existem diversas variantes ou "aplicações" dessa modalidade de falsificação.

A mais comum é o conjunto de selo e carimbo ser escaneado e reproduzido integralmente em um documento completamente novo (em vez de ser mantido no mesmo documento de origem, porém modificado). O selo original será depois descolado e colado em tal documento novo, criando uma suposta cópia autenticada de tal documento.

Essa falsificação, quando bem executada, é bastante difícil de ser detectada a olho nu, sendo quase sempre necessário o uso de uma boa lupa para comprovar o falso. Se um documento desse tipo for juntado em um processo eletrônico, dependendo da qualidade da cópia digital, pode não ser possível detectar essa falsificação sem ter acesso ao documento "original", ou seja, aquele no qual o selo original foi aposto em cima de sua cópia digitalizada.

Já foram encontradas, em processos eletrônicos, cópias de documentos "autenticados" utilizando esse procedimento. Em alguns casos, por não terem qualquer sinal aparente de falsificação (como ocorre no caso do reúso de selos), estes acabavam sendo aceitos sem contestação. Quando, porém, ocorria a contestação, era apresentado o "original" com selo autêntico que, se não contestado novamente (o que muitas vezes não ocorria por ser aparentemente perfeito quando visto a olho nu), acabava resolvendo de forma definitiva o problema da "autenticidade" do documento falsificado.

Nesses casos, até pode ser realizada uma análise detalhada com uma lupa. Indícios de falsificação podem ser detectados observando com atenção pequenas variações de cor e de intensidade/pressão dos traços entre as partes de escritas e carimbos presentes no selo e as presentes no papel do documento. A reprodução digital do carimbo e das escritas originais, mesmo que de boa qualidade, raramente consegue manter totalmente inalteradas essas características.

Oportuno observar que, em boa parte dos casos, as falsificações dentro dessa modalidade não são primorosas, deixando diversos detalhes que, com uma análise minimamente atenta, denunciam imediatamente a falsidade do documento.

5.4. Selos notariais falsificados

Apesar de não representarem a modalidade mais frequente de falsificação de autenticações em documentos, existem, sim, selos notariais falsificados, ou seja, produzidos por gráficas clandestinas, sobretudo relativos aos estados mais economicamente ativos do país (São Paulo, Rio de Janeiro, Paraná, Minas Gerais, Santa Catarina, Rio Grande do Sul etc.), mas não somente.

Esses selos não costumam ter uma qualidade muito boa, ou seja, trata-se de falsificações não sofisticadas e, portanto, não difíceis de serem detectadas com uma análise atenta e detalhada e o uso de equipamentos mínimos. Grande parte dos recursos de segurança dos selos autênticos não estará presente ou será diferente do que deveria ser.

Para usar selos falsificados, como no caso dos selos reusados, será necessário integrá-los com apropriados carimbos (verdadeiros e extraviados ou falsos) para completar a falsificação. Isso, obviamente, não constitui um problema ou dificuldade especial para os falsários (ver item 5.1).

A análise, nesse caso, deverá ser comparativa, realizada a partir de selos autênticos da mesma época, que serão comparados com os selos questionados através do uso de adequada lupa (ou microscópio) e, caso necessário, de uma fonte de luz UV (ultravioleta) para verificar a presença e conformidade dos diversos elementos de segurança.

Exemplo de como aparece um selo notarial autêntico (no caso, o modelo de São Paulo em 2016) sob iluminação com luz UV.

Deverão ser observadas, sobretudo, as seguintes características:

1. Modelo do selo, se compatível com o modelo da época do suposto uso.
2. Existência da banda holográfica e suas características (desenhos, formatos etc.).
3. Existência do fundo numismático e geométrico.
4. Existência das impressões em talho-doce.
5. Existência de caracteres e detalhes reativos à luz UV (fios luminosos etc.).
6. Existência de imagem latente.
7. Dimensões, texto, caracteres usados, espaçamento, desenhos etc.
8. Definição e qualidade da impressão gráfica do selo.
9. Existência e profundidade efetiva das pré-fragmentações.

Existindo divergências em relação aos selos autênticos utilizados como base de comparação, ou, ainda, estando ausentes ou não conformes algumas das características de segurança que deveriam compor o selo, este poderá ser considerado falso.

Importante observar que um selo notarial falso será sempre acompanhado por carimbos de cartório igualmente falsos. É muito incomum encontrar selos falsificados com carimbos autênticos, extraviados de um cartório. Nessa modalidade de falsificação, normalmente os carimbos também são falsos. Será útil, portanto, para fins de confirmação, realizar as averiguações indicadas no item 5.1 em relação aos carimbos presentes no selo falsificado. A constatação da eventual falsidade do carimbo utilizado, por si só, será suficiente para invalidar a autenticação e fazer com que o documento inteiro possa ser considerado falso. Será também um forte indício, ou fator de confirmação, em relação à eventual falsidade do próprio selo notarial.

Tem-se notícias da existência, em nações vizinhas, de fornecedores de selos falsificados desse tipo relativamente aos principais estados do Sul e Sudeste do Brasil. De acordo com essas informações, uma folha de selos falsos desse tipo (contendo 40 selos) seria vendida, no ano de 2015, por aproximadamente 200 dólares.

5.5. Selos notariais roubados ou extraviados

Bem mais frequente que a falsificação de selos notariais é o furto ou extravio deles. Isso ocorre no país inteiro e se trata de um fenômeno que nunca parou de crescer desde a introdução do uso dos selos notariais de autenticação.

Os selos são normalmente extraviados dos cartórios, mas já foram registrados casos de extravio diretamente das gráficas que os produzem e de outros pontos da cadeia de fornecimento aos cartórios.

É bem verdade que a difusão da internet e a criação de sites e ferramentas de validação *on-line* permitem denunciar e acompanhar de forma rápida a ocorrência de tais fenômenos e, assim, coibir ou dificultar o uso dos selos roubados ou extraviados, mas é igualmente verdade que tais selos, por serem autênticos, raramente despertam dúvidas – e, consequentemente, é pouco comum que quem os encontre em uma autenticação pense em realizar uma validação através das ferramentas disponibilizadas pelas corregedorias dos tribunais dos vários estados da federação.

Também nesse caso, para utilizar os selos furtados ou desviados, será necessário que os falsários utilizem os carimbos apropriados (ver item 5.1), portanto será de fundamental importância realizar, antes de mais nada, todas as averiguações descritas no mencionado item em relação a tais carimbos. Isso permitirá ter uma primeira impressão a respeito da autenticação questionada. Evidentemente, a eventual existência de um carimbo falsificado em um selo aparentemente autêntico, além de viciar de falsidade o documento como um todo, será indício de origem duvidosa do selo utilizado e razão para melhor averiguar se se trata de selo falsificado ou de um caso de desvio ou furto de selo notarial.

Nesse sentido, uma importante medida a ser adotada para confirmar a situação de um selo notarial aparentemente autêntico e sem sinais de outras falsificações (reúso, falsificação etc.), mas com carimbos falsificados, será certamente a verificação do selo nos sistemas *on-line* fornecidos pelas corregedorias dos tribunais estaduais competentes (ver Apêndice). Tais sistemas informam a qual cartório pertence o selo em foco e, sobretudo, informam qualquer ocorrência em relação àquele selo (furto, roubo, extravio, destruição etc.). Essa informação pode ser considerada oficial; portanto, um selo que conste como "extraviado", quando verificada sua numeração, será um selo certamente inválido e, com isso, todo o documento autenticado através do uso desse selo poderá, definitivamente, ser considerado falso.

Infelizmente, as bases de dados das corregedorias nem sempre estão atualizadas. Pode acontecer que um selo furtado ou extraviado não apareça com essa indicação no sistema *on-line* da corregedoria competente (ver exemplo a seguir), mesmo tendo sido regularmente denunciado seu furto ou extravio.

Disponibilização: Segunda-feira, 19 de Julho de 2010 Diário da Justiça Eletrônico - Caderno Administrativo São Paulo, Ano III - Edição 756 8

ASSINADO DIGITALMENTE TJSP

COMUNICADO CG Nº 1607/2010

PROCESSO Nº 2010/36995 – SÃO BERNARDO DO CAMPO – JUÍZO DE DIREITO DA 1ª VARA CÍVEL

A Corregedoria Geral da Justiça **COMUNICA**, para conhecimento geral, o recebimento do ofício nº 036/2010 - adm. – MMAN, do Juízo supra mencionado, noticiando a comunicação efetuada pelo 3º Tabelião de Notas daquela Comarca, acerca da utilização de carimbo falso com os dados da referida Unidade, bem como, utilização de selo de autenticidade, Firma Econômico 1, de nº 1084AA288855, o qual foi objeto de roubo, pertencente ao 21º Tabelião de Notas da Capital em reconhecimento de firma de Nelci Soares Militão, em carta de anuência de cancelamento de protesto em nome do Sr. Sérgio Aparecido de Souza.

Figura 1

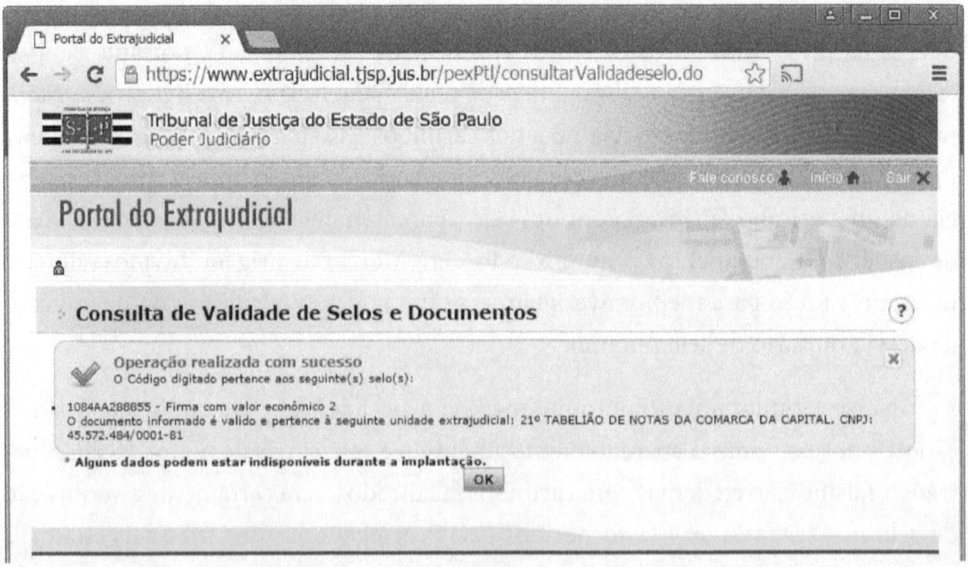

Figura 2

Neste exemplo, um selo de São Paulo, cujo número (1084AA288855) foi regularmente notificado como roubado pelo cartório responsável (Figura 1), com publicação do aviso no Diário da Justiça, consta como regular e válido no sistema da corregedoria do TJ-SP, anos depois do ocorrido (Figura 2).

Por essas razões, quando for verificar a numeração de um selo, é útil não se limitar somente aos sistemas *on-line* disponibilizados pelos tribunais, mas realizar uma busca por tal número, dentro do possível, entre as notificações, comunicações e denúncias presentes nos arquivos da corregedoria do tribunal ou outro órgão competente, assim como nos Diários Oficiais, para ter maior certeza de que o número em foco não foi objeto de alguma ocorrência.

Oportuno saber que já foram encontrados até casos de uso de selos extraviados de um estado em autenticações de documentos supostamente realizadas em cartórios de outro estado, o que deveria ter despertado suspeita de imediato, se tivesse sido realizada uma análise minimamente atenta de tais documentos.

5.6. Autenticações notariais falsificadas para prover uma "data certa"

Importante observar que, em alguns casos, esse tipo de "autenticação" tem também, ou até primordialmente, a finalidade de prover uma falsa "data certa" ao documento falsificado, através do carimbo com data aposto no selo notarial. Isso pode ser útil, por exemplo, em ações judiciais para tentar comprovar a data de determinados atos, contratos ou situações.

É comum encontrar esses tipos de autenticações (sobretudo autenticações de assinaturas) também em documentos não forjados, com assinaturas originais e, em diversos casos, verdadeiras, tendo o único intuito de prover uma "data certa" (a data da autenticação da assinatura) em ações judiciais. Isso se vê, por exemplo, em atos realizados em processos de sucessão, em questões societárias, disputas imobiliárias, ações trabalhistas etc.

Já analisei autenticações falsas desse tipo, inclusive com o acordo das partes, em ações que tinham como escopo homologar judicialmente determinadas transações simuladas com o fim de ocultar patrimônios, criar "perdas" (que viravam "caixa dois") ou, ainda, reduzir impostos.

A falsificação nesse sentido é realizada de diversas formas. A mais comum é certamente aquela do reúso de selo, anteriormente descrita, com aposição de um carimbo novo cuja data é aquela de interesse dos falsários. A detecção desses casos se dá na forma já descrita nos itens 5.2, 5.4 e 5.5 anteriores.

Existem, porém, casos nos quais os falsários partem de um documento realmente autenticado e, utilizando as mesmas técnicas descritas no item 5.3, realizam as alterações desejadas também na parte do carimbo que indica a data de autenticação. Isso frequentemente é feito através da sobreposição digital de uma porção de imagem escaneada com um novo carimbo que indica a data desejada pelos falsários. Ou seja, eles carimbam uma folha branca com a data desejada, depois escaneiam esse carimbo e o colocam digitalmente, usando um apropriado software gráfico, no lugar da data existente no carimbo da autenticação original. Depois imprimem tudo em cores e alta definição e completam a falsificação usando o método descrito no item 5.3.

Nesses casos, além da evidente falsificação, que pode ser detectada com os métodos descritos no item 5.3, é importante atentar para variações de cor e densidade/definição entre a reprodução do carimbo em geral e a reprodução da parte específica desse carimbo que reporta a data, para entender se a finalidade da falsificação foi, em tudo ou em parte, prover uma determinada "data certa" ao documento falsificado.

Oportuno lembrar que, de norma, os carimbos notariais utilizam a mesma tinta para o carimbo do cartório e da data (na maioria dos casos o carimbo é um só, composto por duas partes, uma fixa e outra variável com a data).

6
Falsificação de Cheques e Cédulas

6.1. Cheques

Por incrível que pareça, essa é uma modalidade de falsificação por meios digitais em franco crescimento. A clonagem de cheques hoje em dia é realizada em grande parte através de meios digitais, ou seja, por escaneamento de um cheque original e sucessiva impressão, após eventual edição gráfica para alterar dados ou remover elementos (por exemplo, se o cheque estava preenchido).

A vítima dessa falsificação normalmente é quem recebe o cheque, que, quase certamente, verá este ser recusado pelo banco e terá que arcar com o prejuízo do não pagamento. Não é muito comum que um cheque desse tipo acabe sendo aceito e compensando pelos bancos; em grande parte dos casos a falsificação é detectada e o cheque recusado.

Há muitas maneiras de se realizarem fraudes envolvendo cheques falsificados de várias formas, normalmente a partir de um cheque autêntico, provavelmente usado para pagar algum pequeno valor ou extraviado de algum malote (mudando o número, mas deixando a assinatura e o valor ou mudando somente o beneficiário e/ou o valor ou, ainda, eliminando tudo para deixar o cheque em branco etc.). Em todos os casos, para realizar uma fraude, o cheque falsificado será impresso com a máxima qualidade possível, usando impressora laser ou jato de tinta.

A detecção de uma clonagem de cheque, ou cheque falsificado digitalmente, se dá sobretudo pela análise da definição e qualidade/modalidade de impressão da folha do cheque. Para tanto, será normalmente usada uma lupa com bom aumento (10x ou mais), ou um microscópio, para observar os detalhes da impressão.

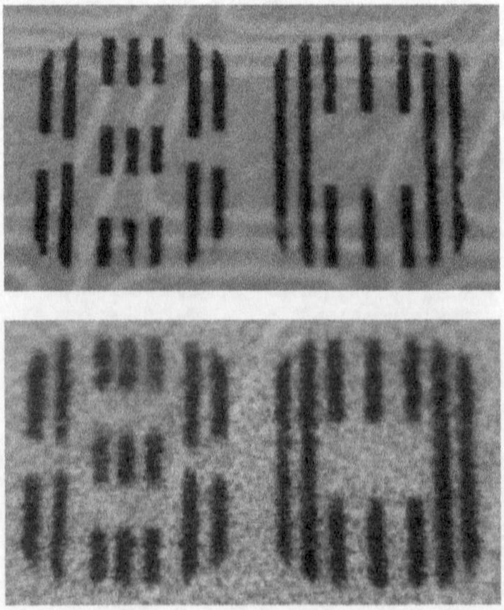

Aqui, detalhes aumentados de dois cheques do mesmo banco, o primeiro autêntico e o segundo clonado e impresso em uma impressora jato de tinta. Quando observados sem lupa ou outros equipamentos, as diferenças facilmente passam totalmente despercebidas.

Importante também atentar para alguns detalhes da folha de cheque em análise. Todos os cheques devem apresentar uma microsserrilhagem no lado frontal esquerdo, e isso vale também para os cheques retirados em caixas automáticos.

Se o cheque em análise não tiver a microsserrilhagem, é sinal de falsificação (foi cortado com guilhotina, estilete ou tesoura).

O tipo de papel usado também é importante. Cheques são impressos em papel especial que tem peso de aproximadamente 90 gr/m^2 (de acordo com a circular 1.049/84 do BCB), enquanto o papel sulfite tem peso de 75 gr/m^2, uma diferença sensível. Em alguns casos, o papel pode ter também características de segurança, como marca d'agua.

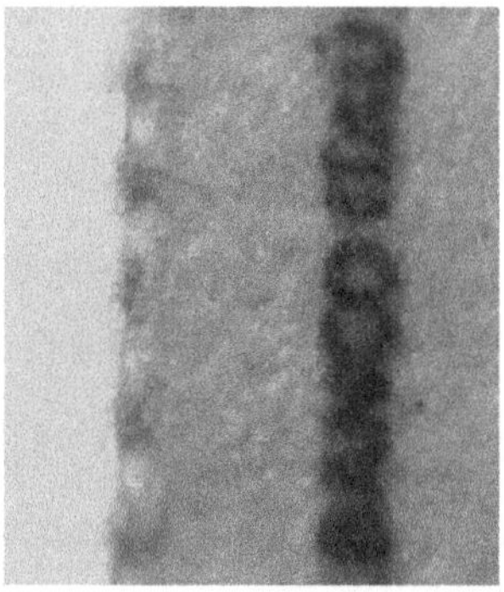

Os cheques autênticos possuem algumas características de segurança que devem constar na folha. A seguir, as principais:

1. Registro coincidente.
2. Linha de segurança (ou linha louca).
3. Numeração com tinta magnética (CMC7).
4. Tintas reagentes a solventes.
5. Tintas refletivas.

6.1.1. Registro coincidente

Trata-se de símbolos ou desenhos que são reproduzidos de forma coincidente, olhando em transparência, na frente e no verso da folha do cheque. Muitas vezes são também impressos pelo menos em um dos lados com tintas refletivas (ver à frente). É bastante difícil realizar a impressão de uma cópia digital de um cheque mantendo o perfeito alinhamento (coincidência) dessas imagens nos dois lados, por isso seu desalinhamento é um frequente indício de falsificação.

6.1.2. Linha de segurança (ou linha louca)

A linha de segurança é impressa de diferentes formas, mas sempre após a produção da folha do cheque e sempre com formato diferente em cada folha. Uma análise com lupa revelará a sobreposição da linha de segurança ao fundo do cheque, por ter sido impressa em um segundo momento. Já em cheques clonados, além de uma menor definição, a linha de segurança será quase sempre impressa juntamente com o resto do cheque, não existindo sobreposição.

6.1.3. Numeração com tinta magnética (CMC7)

Cópias digitais de cheques, mesmo sendo impressas em alta qualidade, não terão a banda da numeração CMC7 (numeração em código de barras) impressa com tinta magnética no rodapé. Bastará, portanto, ter um leitor magnético de CMC7 (pode ser de tipo manual e simples) para verificar se o cheque é legível (e, portanto, pelo menos parcialmente autêntico) ou se é clonado e falso, por não ter a banda em tinta magnética.

6.1.4. Tintas reagentes a solventes

Todos os bancos produzem seus cheques usando tintas reagentes que são sensíveis a diversos tipos de solventes e produtos químicos (álcool, cândida, acetona, gasolina etc.). Se a folha de cheque questionada não precisar mais ser compensada, pode ser feito um teste quanto à presença de tinta reagente (trata-se de um teste destrutivo, que invalida o cheque) usando um cotonete embebido de cândida em um canto do cheque.

6.1.5. Tintas refletivas

Em diversas partes do cheque (normalmente, também no logotipo do banco) são usadas tintas refletivas que, quando escaneadas, mostram cores que não aparecem a olho nu ou, ainda, cores diferentes das originais. A sugestão é comparar atentamente com um cheque que seja certamente autêntico.

Todas as características de segurança citadas devem ser verificadas e podem permitir detectar uma falsificação realizada por clonagem (ou duplicação) digital ou ainda por montagem digital.

Se o cheque for apresentado em cópia digital em um processo eletrônico, e não for possível ter acesso ao original, será necessário atentar para os detalhes anteriormente indicados, dentro do possível e dependendo da qualidade da cópia apresentada (infelizmente, as cópias "microfilmadas" fornecidas pelos bancos têm normalmente baixíssima qualidade).

Certamente, se a qualidade da cópia não for elevada, poderá ser difícil detectar indícios de falsidade suficientemente conclusivos, a menos que existam erros grosseiros de clonagem (como a inversão do registro coincidente ou erros de formatação). No caso de cheques clonados, para realizar uma perícia documentoscópica confiável, é quase sempre necessário ter acesso ao documento original.

Relevante, ainda, atentar para o teor dos Artigos 13, 39 e 41 da Lei nº 7.357/85 (Lei do Cheque), que tratam de falsificações e dizem o seguinte:

> *Art. 13. As obrigações contraídas no cheque são autônomas e independentes.*
>
> *Parágrafo único. A assinatura de pessoa capaz cria obrigações para o signatário, mesmo que o cheque contenha assinatura de pessoas incapazes de se obrigar por cheque, ou assinaturas falsas, ou assinaturas de pessoas fictícias, ou assinaturas que, por qualquer outra razão, não poderiam obrigar as pessoas que assinaram o cheque, ou em nome das quais ele foi assinado.*
>
> *Art. 39. O sacado que paga cheque "à ordem" é obrigado a verificar a regularidade da série de endossos, mas não a autenticidade das assinaturas dos endossantes. A mesma obrigação incumbe ao banco apresentante do cheque à câmara de compensação.*
>
> *Parágrafo único. Ressalvada a responsabilidade do apresentante, no caso da parte final deste artigo, o banco sacado responderá pelo pagamento do cheque falso, falsificado ou alterado, salvo dolo ou culpa do correntista, do endossante ou do beneficiário, dos quais poderá o sacado, no todo ou em parte, reaver o que pagou.*
>
> *Art. 41. O sacado pode pedir explicações ou garantia para pagar cheque mutilado, rasgado ou partido, ou que contenha borrões, emendas e dizeres que não pareçam formalmente normais.*

6.2. Cédulas de Real

Com relação à falsificação de cédulas de Real, importante observar que cédulas de valor pequeno (2, 5 e 10 reais), tanto da série antiga quanto da nova, são frequentemente objeto de falsificação por meios digitais. Trata-se de simples escaneamento e impressão em alta resolução, usando um papel o mais próximo possível do original em termos de peso e consistência, ou ainda de cópia colorida realizada em copiadora ou com impressora a laser multifuncional. Em muitos casos, os cuidados com a qualidade do papel não são rigorosos e acaba sendo utilizado até papel sulfite normal.

A nota de baixo é uma cópia colorida da original (nota de cima) e, portanto, falsa. Mesmo se tratando de uma imagem, observando atentamente, será possível notar, por exemplo, a menor definição dos caracteres nas escritas pequenas da nota falsa, em comparação à autêntica.

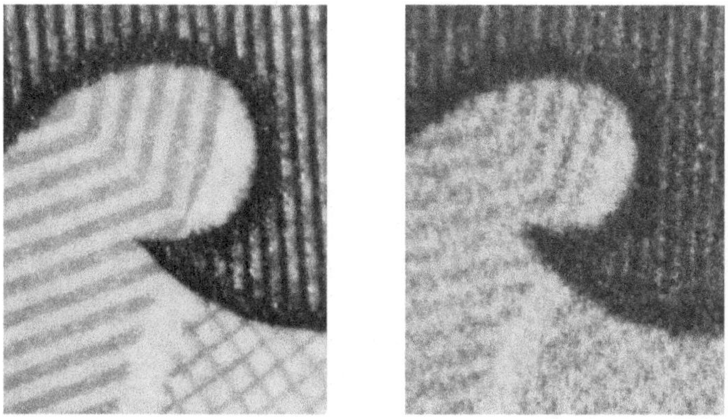

Tendo acesso aos originais, com uma lupa será possível ver a diferença na definição da impressão.

Obviamente, as notas assim produzidas não terão todas as características de segurança previstas para as notas autênticas, notadamente a marca d'água, imagem latente, tintas em relevo etc. Mesmo assim, por serem notas de pequeno valor, que normalmente não estão sujeitas a uma verificação cuidadosa (como acontece com as notas de maior valor), podem facilmente passar despercebidas no meio de trocos, em locais de grande circulação (feiras, comércios etc.).

Útil observar que, em alguns casos, a marca d'água pode ser simulada com uma imagem impressa em cores muito claras, entre outras técnicas existentes.

Para detectar todas essas falsificações é suficiente observar a nota com uma lupa com aumento 10x e se atentar para a qualidade, o tipo e a definição da impressão, as características do papel, a ausência de elementos de segurança, entre outros. A checagem da nota debaixo de uma fonte de luz UV também revelará imediatamente a eventual falsificação, por não aparecerem os elementos de segurança fotossensíveis e os incorporados ao papel.

A detecção da falsidade de uma cédula desse tipo, quando for apresentada somente uma cópia digitalizada dela, é um assunto mais complexo. Dependendo da qualidade da digitalização, pode ser possível detectar a baixa definição de uma eventual nota falsa, assim como a ausência de outras características de segurança (tintas reagentes, a própria marca d'água etc.), mas trata-se de um trabalho sujeito a grandes incertezas e possibilidades de erro, sendo sempre preferível, nesse caso, fazer o possível para ter acesso à cédula questionada original.

6.3. Cédulas de outros países

Cada país adota um diferente conjunto de medidas de segurança em suas cédulas, sendo, inclusive, periodicamente atualizado.

Para se ter uma ideia inicial dos recursos de segurança a serem analisados em cada tipo de cédula, recomendo visitar os sites dos órgãos oficiais que emitem moeda nos diversos países, a seguir:

- Dólar – *Bureau of Engraving and Printing*: <www.moneyfactory.gov>
- Euro – *Banco Central Europeu*: <www.ecb.europa.eu>
- Franco suíço – *Swiss National Bank*: <www.snb.ch>
- Libra esterlina – *Bank of England*: <www.bankofengland.co.uk>
- Peso argentino – *Banco Central Argentino*: <www.bcra.gov.ar>
- Iene japonês – *Bank of Japan*: <www.boj.or.jp>

7
Perfil dos Falsários

Uma falsificação não acontece por acaso, acidente ou coincidência. Trata-se de um ato doloso, planejado, complexo e absolutamente consciente.

São pouquíssimas as situações nas quais quem usa um documento falso em seu benefício não sabe da sua falsidade. Na grande maioria das situações, o usuário que se beneficia de um documento falso não só tem pleno conhecimento da falsidade, como também é o autor ou cúmplice, ou, ainda, a encomendou cientemente.

O falsário é, portanto, alguém que planejou um crime e o executou para se beneficiar dele. Está plenamente consciente do que fez e certamente se preparou para enfrentar as situações que ele julga possíveis de aparecerem, entre as quais uma eventual contestação.

É comum que a falsificação seja disfarçada de alguma maneira, frequentemente misturando um documento falsificado no meio de diversos outros documentos autênticos similares ou coerentes. Outras vezes, apresentando uma cópia xerox do documento falsificado, de baixa qualidade e repleta de manchas (aquelas típicas de uma cópia de baixa qualidade, feita numa copiadora com defeitos), de forma a tentar disfarçar eventuais pequenas falhas da falsificação no meio dos defeitos e manchas da cópia de baixa qualidade.

A postura esperada do falsário, quando confrontado com uma alegação de falsidade, ou até simplesmente questionado a respeito do documento apresentado, será, na quase totalidade dos casos, a de negar com veemência e até se demonstrar indignado com o simples levantamento de tal hipótese.

Comum encontrar tons desafiadores e até reações duras, do tipo "vou te denunciar por calúnia!". Em alguns casos, partirá diretamente para o ataque (afinal, como dizia Napoleão, "a melhor defesa é o ataque"), ameaçando ou até colocando em prática denúncias, notificações e outros atos radicais. Isso com o triplo intuito de:

a) Mostrar-se seguro da própria posição e versão, até produzindo mais falsos.
b) Gerar dúvidas e incertezas a respeito das suspeitas de falsidade.
c) Gerar medo e receio de eventuais erros e das consequentes retaliações, induzindo, assim, a desistir da contestação.

Essa postura, normalmente, continuará de forma consistente enquanto o autor e/ou usuário da falsificação achar que ainda tem margem para discutir a suposta falsidade e reverter qualquer suspeita, arguição, contestação ou pedido de comprovação.

Uma vez comprovada a falsificação de forma irrefutável, a postura mudará para surpresa e inconformismo, obviamente simulados. Logo em seguida aparecerão as desculpas e explicações, mesmo sem que estas sejam solicitadas. Normalmente o usuário/falsário tirará o corpo fora em relação à autoria da falsificação e negará conhecê-la. Oferecerá algum outro suposto responsável pela falsificação ora comprovada, facilmente alguém virtualmente impossível de ser encontrado, de forma a dificultar qualquer apuração e ao mesmo tempo manter viva a questão. A regra geral será criar confusão (pois na confusão é fácil fazer perder detalhes), desviar a atenção de pontos fundamentais, disfarçar indícios de responsabilidade e continuar todas as ações possíveis para gerar dúvidas e incertezas acerca da efetiva autoria da falsificação.

É necessário nunca esquecer que se está lidando com alguém que, muito provavelmente, planejou toda a situação envolvendo a falsificação e seu uso, e que, portanto, é grande a chance de que tenha previsto e planejado também suas reações no caso de uma eventual descoberta/comprovação da falsificação, inclusive as desculpas, os disfarces, as acusações a terceiros, o desvio de responsabilidade etc.

Normalmente não estaremos lidando com uma pobre vítima, efetivamente surpreendida por uma situação imprevista e desagradável, mas com alguém que cientemente e friamente planejou tal situação e todas as suas consequências, e, por isso, estará atuando de acordo com um roteiro já estabelecido e preparado, inclusive considerando os curtos prazos de prescrição dos crimes de falsidade (variáveis entre 4 e 12 anos, de acordo com o Art. 109 CP), que podem favorecer a impunidade.

7.1. Posturas a serem adotadas com os falsários

Lembramos que o falsário (assim como, de norma, quem está usando um documento falso, que não é necessariamente quem o produziu) sabe perfeitamente o que está fazendo, se preparou para isso e está pronto para se defender da forma mais adequada, inclusive negando sistematicamente (primeiro negando a falsidade e depois, uma vez desmascarado, negando sua responsabilidade nela).

A melhor postura a ser adotada com falsários depende muito da personalidade de cada um. Eu posso me limitar a fornecer minha opinião, com base em minha experiência, e a oferecer algumas dicas de cunho geral, além de argumentar a respeito.

Como primeira observação, desejo salientar que a firmeza, a isenção e a objetividade na condução dos trabalhos são fundamentais. O falsário e seus eventuais associados farão de tudo para tentar desviar a atenção da falsificação, alegarão qualquer coisa que possa lhes trazer um benefício e insistirão, com total convicção, em suas posições. Nesse caso é necessário não se deixar desviar ou influenciar, não mudar a postura objetiva e se ater aos fatos conhecidos, concretos e comprovados, desconsiderando qualquer outra alegação, seja de quem for, a menos que solidamente fundamentada e comprovada.

Cuidado com as alegações que procurem desviar a atenção em relação à questão das responsabilidades e tentem transformar o falsário (ou quem usou um documento falso) em vítima. É extremamente comum o falsário ou usuário de documentos falsificados alegar ser vítima e não saber de nada. Muitas vezes, ele já se preparou para isso com uma história mais ou menos documentada e detalhada.

Não se deixe envolver nessa questão e mantenha sempre a objetividade. Caberá à autoridade policial ou ao judiciário determinar eventuais responsabilidades e as consequentes penalidades.

Se e quando ficar comprovada uma falsificação, e se eu tiver oportunidade de deparar com o autor da falsificação (ou o provável autor), eu costumo parabenizá-lo pela excelente qualidade da falsificação, pela originalidade dos meios utilizados, pelos cuidados nos detalhes etc., tudo com a maior sinceridade e empatia possíveis.

Os falsários costumam ter orgulho do "trabalho" realizado na falsificação (muitas vezes o consideram uma espécie de "obra de arte") e, quando elogiados com entusiasmo, mesmo em uma situação complexa (como aquela que se cria quando comprovada uma falsidade em um processo judicial, com as implicações criminais que isso traz), pode acontecer de abrirem o jogo e admitirem a falsificação, inclusive contando maiores detalhes sobre a sua execução. Adotando esse procedimento, já descobri até algumas novas técnicas de falsificação que ainda não conhecia.

8
Conclusões e Dicas Gerais

Como visto, são inúmeros os casos de possíveis falsificações de documentos por meios digitais. Alguns limitados ao documento no formato digital, outros aproveitando as possibilidades oferecidas pelas técnicas de manipulação digital para produzir documentos cartáceos falsificados, inclusive com aparentes autenticações e/ou carimbos.

As atitudes ou hábitos de base a serem adotados para evitar receber e aceitar documentos dessa natureza são essencialmente esses:

1. Desconfiar *a priori* de qualquer documento apresentado, tratando todos como potenciais falsos, de forma a manter sempre uma postura crítica e muito atenta.
2. Prestar grande atenção a todo e qualquer detalhe dos documentos apresentados, não se limitando a uma "olhada" superficial, mas observando todas as características do documento, se possível com alguns equipamentos básicos (lupa, luz UV e softwares gráficos, para o caso de arquivos digitais).
3. Se existirem outros documentos, mesmo não questionados (como, por exemplo, em um processo eletrônico), observar com atenção todos eles também, para identificar eventuais partes que possam ter sido extraídas para montar o documento questionado.

A adoção sistemática dessas práticas ou hábitos, por si só, permite uma redução drástica dos casos de falsificações aceitas inadvertidamente. As que ainda passarem, mesmo após esses procedimentos, serão falsificações mais sofisticadas que requerem uma análise mais profunda, experiente e com uso de equipamentos. Normalmente, tal tipo de análise, em falsificações sofisticadas, se dará somente por solicitação de alguém que, por alguma razão, desconfie dos documentos e solicite uma perícia.

Em síntese: POSTURA CRÍTICA E ATENÇÃO AOS DETALHES!

8.1. Resumo dos procedimentos de verificação

Um rápido resumo de todos os procedimentos de verificação e dos principais elementos e detalhes a serem observados quando da análise de um documento digital:

1. Coletar o original do documento a ser analisado ou, se não for possível, uma cópia no melhor e mais definido formato digital disponível (fotografia ou escaneamento fotográfico em alta definição, idealmente).
2. Dependendo do tipo de documento e da análise a ser realizada, coletar as amostras autênticas (padrões) dos elementos em foco (assinaturas, carimbos, outros documentos do mesmo tipo, selos, escritas etc.), em quantidade suficiente e nos melhores e mais definidos formatos viáveis.
3. Realizar os exames comparativos utilizando as técnicas apropriadas para determinar a homogeneidade ou não das características individualizadoras. Listar divergências e incongruências encontradas ou, se não for encontrada nenhuma, listar as convergências e congruências analisadas.
4. Se tiver acesso a um conjunto de documentos, mesmo que nem todos tenham sido questionados, analisar todos eles para identificar eventuais homogramas e elementos que possam ter sido extraídos para montar o documento questionado.
5. Analisar a presença de indícios de montagem ou falsificação, através de exame minucioso dos detalhes dos documentos, usando as ferramentas e os equipamentos que forem necessários e apropriados para cada caso. Mapear áreas de homogeneidade, formatos e estruturas. Listar eventuais elementos suspeitos ou duvidosos. Principais pontos a serem observados:

- Homogeneidade e congruência nos alinhamentos verticais e horizontais.
- Alterações no tipo de fonte, tamanho e espaçamento (tanto dos caracteres quanto das linhas).
- Formatos, estruturas e formatações. Cores, tonalidades e fundos.
- Eventuais sinais de resíduos de remoção de partes do documento.
- Se existirem selos de autenticidade, analisá-los detalhadamente.
- Existência de elementos idênticos, em especial elementos gráficos ou ainda escritas ou assinaturas (lembrando que existindo duas assinaturas ou escritas absolutamente idênticas e sobreponíveis, tem-se certeza da falsificação).

6. Se necessário, realizar análises que considerem os aspectos linguísticos ou, onde possível, os elementos grafoscópicos do documento em exame. Listar todos os pontos de convergência e discordância encontrados. Principais aspectos a serem observados:
   - Na análise linguística, o estilo geral, gírias, locuções regionais, vícios, abreviações, pontuações particulares, opções gramaticais e erros sintáticos recorrentes. Frequência de uso de palavras e opções lexicais.
   - Elementos grafoscópicos fundamentais (onde apreciáveis), como idade e cultura gráfica, pressão e velocidade, momentos morfogenéticos, direção, ataques e remates, inclinação axial, alinhamentos, espaçamentos, calibre, hábitos, mínimos gráficos etc.
   - Análise grafométrica, quando possível (dependendo da quantidade de amostras disponíveis) e necessário.
7. Análise dos diversos elementos à luz da lógica e da consistência, verificando, por exemplo, cálculo de soma de colunas, dados pessoais indicados, endereços e telefones, relações entre pontos diferentes do documento, fluxo lógico etc.
8. Análise consolidada de todos os exames realizados e do material produzido para chegar a uma conclusão razoável a respeito dos questionamentos levantados.
9. Elaboração de um laudo organizado (ver item 8.3 a seguir).

Ao redigir o laudo, o perito deverá levar em conta a sua finalidade, ou seja, as respostas aos questionamentos levantados. As conclusões deverão ser objetivas e embasadas, deixando de lado simples opiniões genéricas e considerando somente fatos. Caso não seja possível chegar a conclusões definitivas, deverão ser detalhadas as razões para tanto e seus embasamentos técnicos.

Dependendo do escopo, e quando os exames não forem conclusivos, pode ser útil o perito apresentar uma opinião baseada em sua experiência e conhecimentos específicos, desde que seja deixado extremamente claro que se trata de uma opinião e não de uma conclusão (até criar um título separado, se for o caso, para não confundir com a seção das conclusões), tentando fundamentar e argumentar da forma mais sólida e clara possível.

8.2. Possíveis crimes envolvendo falsificações

É interessante ter um conhecimento geral dos principais crimes que podem ser tipificados nos casos descritos nos capítulos anteriores – isso, inclusive, para ter ciência das consequências que pode acarretar a realização de um laudo que conclua pela falsidade de um documento (certa ou provável).

Os crimes relativos às falsificações de vários tipos são descritos nos artigos reunidos sob o Título X do Código Penal, denominado como "Dos Crimes Contra a Fé Pública".

8.2.1. Moeda falsa

> *Art. 289 – Falsificar, fabricando-a ou alterando-a, moeda metálica ou papel-moeda de curso legal no país ou no estrangeiro:*
>
> *Pena – reclusão, de três a doze anos, e multa.*
>
> *§ 1º – Nas mesmas penas incorre quem, por conta própria ou alheia, importa ou exporta, adquire, vende, troca, cede, empresta, guarda ou introduz na circulação moeda falsa.*

§ 2º - Quem, tendo recebido de boa-fé, como verdadeira, moeda falsa ou alterada, a restitui à circulação, depois de conhecer a falsidade, é punido com detenção, de seis meses a dois anos, e multa.

§ 3º - É punido com reclusão, de três a quinze anos, e multa, o funcionário público ou diretor, gerente, ou fiscal de banco de emissão que fabrica, emite ou autoriza a fabricação ou emissão:

I - de moeda com título ou peso inferior ao determinado em lei;

II - de papel-moeda em quantidade superior à autorizada.

§ 4º - Nas mesmas penas incorre quem desvia e faz circular moeda, cuja circulação não estava ainda autorizada.

Aplica-se a todos os casos de falsificação de dinheiro (inclusive dinheiro estrangeiro), por exemplo, a impressão digital de cédulas escaneadas. Importante observar que as penas se aplicam não somente a quem produz o dinheiro falso, mas também a quem o distribui, guarda, adquire, utiliza etc.

Um caso interessante que foi registrado no Brasil há algum tempo foi numa negociação envolvendo notas falsas de dinar iraquiano, emitidas na época de Saddam Hussein e que não tinham mais curso legal naquele país. Por essa razão (não ter curso legal) o caso não configurava o crime de moeda falsa (havia outros crimes tipificados).

8.2.2. Falsificação do selo ou sinal público

Art. 296 - Falsificar, fabricando-os ou alterando-os:

I - selo público destinado a autenticar atos oficiais da União, de Estado ou de Município;

II - selo ou sinal atribuído por lei a entidade de direito público, ou a autoridade, ou sinal público de tabelião:

Pena - reclusão, de dois a seis anos, e multa.

§ 1º - Incorre nas mesmas penas:

I - quem faz uso do selo ou sinal falsificado;

II - quem utiliza indevidamente o selo ou sinal verdadeiro em prejuízo de outrem ou em proveito próprio ou alheio.

> *III - quem altera, falsifica ou faz uso indevido de marcas, logotipos, siglas ou quaisquer outros símbolos utilizados ou identificadores de órgãos ou entidades da Administração Pública. (Incluído pela Lei nº 9.983, de 2000)*
>
> *§ 2º - Se o agente é funcionário público, e comete o crime prevalecendo-se do cargo, aumenta-se a pena de sexta parte.*

Este artigo se aplica, por exemplo, a todos os casos descritos neste livro que envolvem selos notariais, ou seja, reúso dos selos, remoção para reúso em documento com carimbos e assinaturas parcialmente clonadas digitalmente, uso de selos falsos ou de selos verdadeiros roubados ou extraviados etc. Importante observar que a punição se aplica não só a quem falsifica, mas também a quem utiliza selo falso ou faz "uso indevido de selo verdadeiro" em benefício próprio.

8.2.3. Falsificação de documento público

> *Art. 297 - Falsificar, no todo ou em parte, documento público, ou alterar documento público verdadeiro:*
>
> *Pena - reclusão, de dois a seis anos, e multa.*
>
> *§ 1º - Se o agente é funcionário público, e comete o crime prevalecendo-se do cargo, aumenta-se a pena de sexta parte.*
>
> *§ 2º - Para os efeitos penais, equiparam-se a documento público o emanado de entidade paraestatal, o título ao portador ou transmissível por endosso, as ações de sociedade comercial, os livros mercantis e o testamento particular.*
>
> *§ 3º - Nas mesmas penas incorre quem insere ou faz inserir: (Incluído pela Lei nº 9.983, de 2000)*
>
> *I – na folha de pagamento ou em documento de informações que seja destinado a fazer prova perante a previdência social, pessoa que não possua a qualidade de segurado obrigatório;(Incluído pela Lei nº 9.983, de 2000)*
>
> *II – na Carteira de Trabalho e Previdência Social do empregado ou em documento que deva produzir efeito perante a previdência social, declaração falsa ou diversa da que deveria ter sido escrita; (Incluído pela Lei nº 9.983, de 2000)*
>
> *III – em documento contábil ou em qualquer outro documento relacionado com as obrigações da empresa perante a previdência social, declaração falsa ou diversa da que deveria ter constado. (Incluído pela Lei nº 9.983, de 2000)*

> *§ 4º Nas mesmas penas incorre quem omite, nos documentos mencionados no § 3º, nome do segurado e seus dados pessoais, a remuneração, a vigência do contrato de trabalho ou de prestação de serviços. (Incluído pela Lei nº 9.983, de 2000)*

Aplica-se a todos os casos de falsificação que envolvam um documento de identidade, uma certidão pública (nascimento, casamento, matrícula de imóvel, certificado de registro de veículo etc.), uma sentença, um diploma, um alvará ou qualquer outro documento emitido por uma repartição pública. A simples criação de cópia falsificada ou montada de um documento desse tipo (usada, por exemplo, em um processo) também tipifica este crime. Este artigo descreve a chamada falsidade material de um documento público.

8.2.4. Falsificação de documento particular

> *Art. 298 - Falsificar, no todo ou em parte, documento particular ou alterar documento particular verdadeiro:*
>
> *Pena - reclusão, de um a cinco anos, e multa.*
>
> *Falsificação de cartão (Incluído pela Lei nº 12.737, de 2012)*
>
> *Parágrafo único. Para fins do disposto no caput, equipara-se a documento particular o cartão de crédito ou débito.*

É o caso de contratos de qualquer tipo (comerciais, de trabalho, de compra/venda, de parceria, de intermediação etc.) que sejam de alguma forma falsificados (por exemplo, apondo uma assinatura "clonada"). Outros documentos particulares que podem ser falsificados, tipificando este crime, são, por exemplo: históricos escolares, carteiras de clubes, recibos e quitações, extratos, acordos etc. Cartões de crédito e cheques falsificados normalmente também configuram este crime. Este artigo descreve a chamada falsidade material de um documento particular.

8.2.5. Falsidade ideológica

> *Art. 299 - Omitir, em documento público ou particular, declaração que dele devia constar, ou nele inserir ou fazer inserir declaração falsa ou diversa da que devia ser escrita, com o fim de prejudicar direito, criar obrigação ou alterar a verdade sobre fato juridicamente relevante:*

Pena – reclusão, de um a cinco anos, e multa, se o documento é público, e reclusão de um a três anos, e multa, de quinhentos mil réis a cinco contos de réis, se o documento é particular.

Parágrafo único – Se o agente é funcionário público, e comete o crime prevalecendo-se do cargo, ou se a falsificação ou alteração é de assentamento de registro civil, aumenta-se a pena de sexta parte.

Esta tipologia de falsidade diz respeito à falsificação da verdade expressa por um documento e não a falsificação material de um documento (que é tratada pelos artigos anteriores). Por exemplo, uma certidão de nascimento falsa poderia ser usada para conseguir um documento de identidade verdadeiro. A certidão falsa tipificaria o crime descrito no Art. 297 CP, anterior, já o RG autêntico contendo informações falsas, extraídas da certidão falsa, tipificaria o crime de falsidade ideológica, por ter nele declarações falsas e diversas das que deveriam constar. O RG, por ser autêntico, não tipificaria falsidade material, mas somente ideológica. Evidentemente, em muitos casos, o crime de falsidade ideológica pode coexistir com o de falsidade material.

8.2.6. Certidão ou atestado ideologicamente falso

Art. 301 – Atestar ou certificar falsamente, em razão de função pública, fato ou circunstância que habilite alguém a obter cargo público, isenção de ônus ou de serviço de caráter público, ou qualquer outra vantagem:

Pena – detenção, de dois meses a um ano.

8.2.7. Falsidade material de atestado ou certidão

§ 1º – Falsificar, no todo ou em parte, atestado ou certidão, ou alterar o teor de certidão ou de atestado verdadeiro, para prova de fato ou circunstância que habilite alguém a obter cargo público, isenção de ônus ou de serviço de caráter público, ou qualquer outra vantagem:

Pena – detenção, de três meses a dois anos.

§ 2º – Se o crime é praticado com o fim de lucro, aplica-se, além da pena privativa de liberdade, a de multa.

Um caso clássico deste tipo de crime é a falsificação de um diploma escolar ou de faculdade para obter um cargo ou um trabalho.

8.2.8. Falsidade de atestado médico

> *Art. 302 - Dar o médico, no exercício da sua profissão, atestado falso:*
>
> *Pena - detenção, de um mês a um ano.*
>
> *Parágrafo único - Se o crime é cometido com o fim de lucro, aplica-se também multa.*

Tipifica-se este caso quando o crime foi cometido pelo próprio médico, ou seja, o médico inseriu informações falsas em documento verdadeiro (atestado). Nesse caso, será também tipificado o crime de falsidade ideológica. Por outro lado, se a assistente de um médico preencher um atestado falso para um terceiro, assinando e utilizando o carimbo do médico, estará tipificada somente a falsidade material, uma vez que o crime do artigo 302 CP é de mão própria (ou seja, somente o médico é quem pode cometê-lo).

8.2.9. Uso de documento falso

> *Art. 304 - Fazer uso de qualquer dos papéis falsificados ou alterados, a que se referem os arts. 297 a 302:*
>
> *Pena - a cominada à falsificação ou à alteração.*

Após a produção de um documento falso, este pode ser usado pelo próprio falsário ou por um terceiro que se aproveite do documento para alguma finalidade. É o caso, por exemplo, do estelionatário que adquire documentos de identidade falsos e os usa para executar fraudes, ou, ainda, de quem juntar em um processo, como prova, um documento falsificado (seja cópia ou original) por ele mesmo ou por terceiros.

8.3. Elaboração de um laudo

Após realizar uma análise ou perícia, dependendo da sua finalidade, poderá ser necessário redigir um laudo ou relatório para expor, de forma detalhada e clara, os trabalhos realizados e a conclusão que foi possível alcançar.

A estrutura de um laudo depende do escopo, mas também do uso que dele será feito e, obviamente, do estilo do *expert* que o redige. Não existe um modelo ou padrão oficial nem um único jeito "certo" de elaborar um laudo dessa natureza.

Posso aqui somente sugerir um modelo de estrutura de laudo que considero válido e aproveitável para a maioria das situações. Veja a seguir:

Introdução

Apresentação do perito, suas qualificações e razões pelas quais realizou as análises e está redigindo o laudo.

Histórico e premissas

Descrição do contexto da perícia, eventual nomeação ou contratação. Narração do caso e de seus principais aspectos e contestações.

Definição do escopo

Descrição detalhada do escopo da perícia e das razões pelas quais é solicitada.

Eventuais quesitos das partes e do Juízo (se perito em um processo)

Documentos questionados

Descrição detalhada dos documentos questionados. Tipo de documento, formato de apresentação e eventuais outros formatos disponíveis (por exemplo, documento apresentado em formato digital, mas disponível o original).

Diligências realizadas

Descrição de todas as diligências realizadas, solicitações feitas, amostras colhidas, visitas etc.

Documentos de comparação obtidos

Descrição detalhada de todos os documentos obtidos para fins de comparação. Detalhes sobre o tipo de documento, sua fonte, como foram obtidos e seu formato.

Análises realizadas

- *Metodologias utilizadas*
- *Recursos e ferramentas utilizados*
- *Elementos analisados*
- *Detalhamentos dos exames*
- *Eventuais análises não realizáveis (motivo)*

Conclusões

- *Embasamento técnico*
- *Eventuais respostas aos quesitos (se devidas)*

Se não for possível fornecer respostas conclusivas, detalhar as razões e indicar, quando possível, uma orientação de probabilidade, detalhando o embasamento da mesma.

- *Conclusão do escopo*

<u>Nota:</u> todas as imagens deste livro, cuja fonte não seja expressamente indicada, são do autor, em boa parte extraídas de processos judiciais nos quais atuou como perito judicial ou assistente técnico.

Apêndice

Lista dos sites das corregedorias dos tribunais nas diversas unidades da federação:

AC	<http://www.tjac.jus.br/tribunal/administrativo/coger/>
AL	<http://www.tjal.jus.br/corregedoria/>
AP	<http://www.tjap.jus.br/portal/corregedoria.html>
AM	<http://www.tjam.jus.br/index.php?option=com_content&view=article&id=1637&Itemid=331>
BA	<http://www5.tjba.jus.br/corregedoria/>
CE	<http://corregedoria.tjce.jus.br/>
DF	<http://www.tjdft.jus.br/institucional/corregedoria>
ES	<http://www.tjes.jus.br/corregedoria/>
GO	<http://www.tjgo.jus.br/index.php/corregedoria>
MA	<http://www.tjma.jus.br/cgj>
MT	<http://corregedoria.tjmt.jus.br/>
MS	<http://www.tjms.jus.br/corregedoria/>
MG	<http://www.tjmg.jus.br/portal-tjmg/institucional/corregedoria/>
PA1	<http://www.tjpa.jus.br/PortalExterno/institucional/Corregedoria-do-Interior/65-Institucional.xhtml>
PA2	<http://www.tjpa.jus.br/PortalExterno/institucional/Corregedoria-da-Regiao-Metropolitana/56-Institucional.xhtml>
PB	<http://corregedoria.tjpb.jus.br/>
PR	<http://www.tjpr.jus.br/corregedoria>
PE	<http://www.tjpe.jus.br/web/corregedoria/>

PI	<http://www.tjpi.jus.br/corregedoria/>
RR	<http://cgj.tjrr.jus.br/>
RN	<http://corregedoria.tjrn.jus.br/>
RS	<http://www.tjrs.jus.br/site/poder_judiciario/tribunal_de_justica/corregedoria_geral_da_justica/>
RJ	<http://cgj.tjrj.jus.br/>
RO	<https://www.tjro.jus.br/corregedoria/>
SP	<http://www.tjsp.jus.br/Corregedoria>
SC	<http://cgj.tjsc.jus.br/index.jsp>
SE	<http://www.tjse.jus.br/corregedoria/>
TO	<http://corregedoria.tjto.jus.br/>

Bibliografia

AGOSTINIS, Sergio; CATENACCI, Beatrice. **Crimini e Scrittura:** la perizia grafica negli Stati Uniti. Fano: Aras, 2012.

BELENSKY, Radostin. **Forensic Examination of Signatures.** Publicação independente, 2017.

BUQUET, Alain. L'Expertise des écritures. Paris: CNRS, 2001.

BUQUET, Alain. **Les documents contestés et leur expertise.** Québec: Yvon Blais, 1997.

CÂMARA E SILVA, Erick Simões Da; FEUERHARMEL, Samuel. **Documentoscopia:** aspectos científicos, técnicos e jurídicos. Campinas: Millenium, 2014.

CARRERA, Francisco Viñals; BALSELLS, María Luz Puente. **Pericia Caligráfica Judicial:** práctica, casos y modelos. Barcelona: Herder Editorial, 2001.

CROTTI, Evi; MAGNI, Alberto; VENTURINI, Oscar. **La Perizia in Tribunale:** manuale di consulenza grafotecnica. Milano: Franco Angeli, 2011.

DELVAL, Pierre. **Faux et Fraudes:** la criminalité internationale des faux documents. Paris: Presses Universitaires de France, 1998.

FALAT, Luiz Roberto Ferreira; FILHO, Hildebrando Magno Rebello. **Entendendo o Laudo Pericial Grafotécnico e a Grafoscopia.** Curitiba: Juruá, 2002

FEUERHARMEL, Samuel. **Análise Grafoscópica de Assinaturas.** Campinas: Millenium, 2017.

FILHO, José Del Picchia; DEL PICCHIA, Celso Mauro Ribeiro; DEL PICCHIA, Ana Maura Gonçalves. **Tratado de Documentoscopia:** da falsidade documental. 3.ed. São Paulo: Pillares, 2016.

GOMIDE, Tito Livio Ferreira. **Manual de Grafoscopia.** São Paulo: LEUD, 2005.

GONDRA, Magdalena Ezcurra; GRÁVALOS, Goyo R. **Análise Forense de Documentos:** instrumentos de escrita manual e suas tintas. Campinas: Millenium, 2012.

HARRALSON, Heidi H. **Developments in Handwriting and Signature Identification in the Digital Age.** Dayton: Anderson Publishing, 2013.

HARRALSON, Heidi H.; MILLER, Larry S. **Huber and Headrick's Handwriting Identification:** facts and fundamentals. Boca Raton: CRC Press, 2017.

HILTON, Ordway. **Scientific Examination of Questioned Documents.** Rev. Ed. Boca Raton: CRC Press, 1992.

KELLY, Jan Seaman; LINDBLOM, Brian S. **Scientific Examination of Questioned Documents.** Boca Raton: CRC Press, 2006.

LOCARD, Edmond. **I Falsi in Scrittura e la Loro Perizia.** Mesagne: Sulla Rotta del Sole, 2009.

MASTRONARDI, Vincenzo; BIDOLI, Sante A.; CALDERARO, Monica. **Grafologia Giudiziaria e Psicopatologia Forense.** Milano: Giuffrè, 2010

MENDES, Lamartine Bizarro. **Documentoscopia.** Campinas: Millenium, 2003.

MONTEIRO, André Luís Pinheiro. **A Grafoscopia a Serviço da Perícia Judicial.** Curitiba: Juruá, 2008.

MÜNCH, André. **L'expertise en écritures et en signatures.** Québec: Septentrion, 2007.

NICKELL, Joe. **Detecting Forgery:** forensic investigation of documents. Lexington: University Press of Kentucky, 1996.

PERIOT, Maurice; BROSSON, Paul. **Morpho-Physiologie de L'Écriture**. Paris: Payot, 1957.

RAMOS, Rafael Martín. **Método para el peritaje cientifico de documentos**. Madrid: Edición La Ley, 2010.

SILVA, Eberson Bento da. **Grafoscopia para Prevenção a Fraudes.** S.l.: Ed. E. B. Silva, 2006.

TROJANI, Ascanio; MASTRONARDI, Vincenzo. **Appunti di Linguistica Forense:** introduzione e reality monitoring. Peritare.it, 2014.

TURELL, Maria Teresa (ed.). **Lingüística Forense, Lengua y Derecho**: conceptos, métodos y aplicaciones. Barcelona: IULA, 2005.

VARELA, Paulo Júnior; JUSTINO, Edson J. R.; OLIVEIRA, Luiz E. S. **Identificação de Autoria de Textos através do uso de Classes Linguísticas da Língua Portuguesa.** Sociedade Brasileira de Computação, 2011.

VELS, Augusto. **Dicionário de Grafologia e Termos Psicológicos Afins.** São Paulo: Casa do Psicólogo, 2011.

VETTORAZZO, Bruno. **Grafologia Giudiziaria e Perizia Grafica.** Milano: Giuffrè, 2004.